Karlheinz A. Geißler

Alles. Gleichzeitig. Und zwar sofort.

HERDER spektrum
Band 5842

Das Buch

„Mach mehr aus deiner Zeit!" Unser Leben wird zum Non-Stop-Programm. Rund um die Uhr flexibel, immer im Einsatz auf der Jagd nach Glück und Geld. Jederzeit und an jedem Ort erreichbar. Um auf der Höhe der Zeit zu sein, hilft nicht mehr gesteigerte Schnelligkeit, sondern zeitliche Verdichtung. Nicht mehr eins nach dem anderen, sondern: eines tun und gleichzeitig das nächste vorbereiten. Die letzten Zeitreserven mobilisieren, um alles immer „just in time" zu erledigen. Aber besitzen wir für diese Welt des Multitasking auch die notwendigen Kompetenzen? Sind wir einem solchen Lebensstil überhaupt gewachsen? Und: Was haben wir eigentlich davon? Leben wir nicht am Leben vorbei? Genau beobachtet und unterhaltsam geschrieben: „Europas bekanntester Zeitforscher (PM) trifft mit seiner Analyse den Nerv einer Gesellschaft, die sich selbst fortwährend unter Leistungsdruck setzt. Und er zeigt: Es gibt Erkenntnisse, Erfahrungen, Vergnügungen, die jenseits des Beschleunigungszwangs liegen. Um der Überforderung zu entgehen, brauchen wir eine neue Kunst der Aufmerksamkeit.

Der Autor

Karlheinz A. Geißler, geb. 1944, studierte Philosophie, Ökonomie und Pädagogik in München. Seit 1975 lehrt er Wirtschafts- und Sozialpädagogik an der Universität der Bundeswehr in München. Er arbeitet außerdem als Trainer in der Lehrer- und Berateraus- und Weiterbildung und ist als Supervisor tätig. Zahlreiche Publikationen, bei Herder Spektrum u. a.: Vom Tempo der Welt; Es muss in diesem Leben mehr als Eile geben.

Karlheinz A. Geißler

Alles. Gleichzeitig. Und zwar sofort.

Unsere Suche nach dem pausenlosen Glück

HERDER

FREIBURG · BASEL · WIEN

Gedruckt auf umweltfreundlichem,
chlorfrei gebleichtem Papier

www.herder.de
Satz: Dtp-Satzservice Peter Huber, Freiburg
Herstellung: fgb · freiburger graphische betriebe 2007
www.fgb.de
Umschlaggestaltung und Konzeption:
R·M·E München/Roland Eschlbeck,
Liana Tuchel, Rosemarie Kreutzer
Illustration: © XING Art Productions GmbH
Fotos: © Getty images
ISBN 978-3-451-05842-4

Inhalt

Wir bitten um Beachtung:

Herr Raum und Frau Zeit
sind umgezogen.

Neue Adresse:
Casa di riposo
Fondamenta degli incurabili, 1044
30100 Venezia, Italia

Für alle, die Zeit haben

Der Geist der Zeiten

Sind Sie up to date? Prüfen Sie es selbst: Kann Ihr Handy Fotos machen? Haben Sie in Ihrem Auto ein Multifunktionslenkrad und Internetanschluss? Können Sie mit Ihrer Uhr Mails empfangen, die aktuelle Verkehrslage und die jeweils neuesten Aktienkurse erfragen? Sind Sie jederzeit und an jedem Ort erreichbar und verlassen Sie Ihr Haus auch niemals, ohne eines Ihrer Handys mitzunehmen? Könnte es sein, dass Sie noch nicht die neue „Quick and Easy"-Haarkur und den Tele-Pizza-Service ausprobiert und nie etwas vom Media-Center-PC gehört haben? Was? Alles das ist Ihnen fremd, Sie wissen davon nichts?! Dann sind Sie jenem geheimnisvollen Wesen bisher ausgewichen, das sich ehemals „Zeitgeist" nannte und heute nur allzu gerne in Gestalt des „Trends" daherkommt. Kurz gesagt: Sie haben den Zug der Zeit verpasst oder sind zu früh aus diesem ausgestiegen. Dafür gibt es sicher gute Gründe oder fehlt etwa das Geld? Aber Sie müssen wissen, dass Sie zur Minderheit gehören, wenn nicht heute, so doch morgen. Denn die virtuell-parfümierten Blütenträume der allerneuesten Zeit sind betörend, mächtig und wirksam. Sie erfassen gleichermaßen die Produktionsökonomie wie die Freizeitindustrie. Sie wälzen die Gesellschaft gründlich um. Als Zeitgeist schlüpfen sie in neue, bunte, verführerische Gewänder. Dieser versucht sich attraktiv zu machen, um als guter Geist, als „Glücksfee", akzeptiert zu werden. Und in der Tat, es gelingt ihm.

Die Erwartungen sind groß, die Zukunftsvisionen betörend und die Hoffnungen, dass alles besser wird, die werden fleißig immerzu gepflegt. Die einen spekulieren auf mehr Wirtschaftswachstum und eine damit einhergehende Einkommensverbesserung, die anderen erhoffen sich endlich den ersehnten Erfolg bei ihrer aufwändigen Suche nach einem Arbeitsplatz. Die meisten Menschen sehen in den vielen neuen Möglichkeiten, die unaufhörlich all überall versprochen werden, eine willkommene Steigerung ihres Lebensstandards, und nicht wenige interpretieren das Wachstum der Entscheidungsmöglichkeiten als einen erfreulichen Freiheitsgewinn.

Multimedia, New Economy, Multitasking, Internet und chipgestützte Flexibilität sind die gern genutzten Schilder, die den Weg in eine neue Zeitkultur, in die der Gleichzeitigkeit, markieren. Trotz wiederholter Phasen der Ernüchterung – insbesondere die „New Economy" hat diese zu spüren bekommen – geht es weiter. Der Zeitgeist läuft nicht rückwärts – auch wenn er sich ab und zu ganz gerne aus dem Antiquitätenladen der Geschichte bedient. Sein derzeitiger Lieblingsaufenthalt heißt „Software". Diese bestimmt heutzutage die Spielregeln der Gesellschaft und mit Sicherheit wird sie das noch mehr in der immer rascher auf uns zurasenden Zukunft tun. Die Software entscheidet, wie wir in dieser vernetzten Welt kommunizieren, welche Informationen wir erhalten, wie wir uns austauschen. Sie schleift alle traditionellen inhaltlichen und zeitlichen Strukturen der Gesellschaft. Ihr Ordnungsprinzip ist die Unordnung der Gleichzeitigkeit: Zugriff auf alles, jederzeit und überall. Einsetzbar ist sie als Arbeitsmittel im Beruf, beim spielerischen Zeitvertreib im Kinderzimmer, als künstlerisches Ausdruckmittel, aber auch als höchst gefährliches Kriegsgerät.

Vieles, was wir lange Zeit für selbstverständlich und unveränderbar hielten, verändert sich nun von heute auf morgen, manches verschwindet ganz und gar. Familienstrukturen, religiöse Deutungssysteme, soziale Abgrenzungen, zeitliche Ordnungen und nicht zuletzt Formen der Arbeits- und Freizeitgestaltung – alles verändert sich, nichts ist heute mehr so, wie es gestern war, und morgen wird wieder alles ganz anders und ganz woanders sein. Die Verlautbarungen aus den Entwicklungslabors der Hochtechnologie überbieten sich mit neuen Glücksversprechen. Etwa ab 2012 soll sich die „digitale Aura" zur Alltagswirklichkeit entfaltet haben. Das „always on" sowie das „anytime" und „anywhere" wird dann nicht nur bisher ungeahnte Handlungsmöglichkeiten offerieren, sondern darüber hinaus völlig neue Erfahrungswelten erschließen, die sich bevorzugt aus der Verschmelzung von Realem und Virtuellem speisen. Die Internet-Ökonomie wird zu diesem Zeitpunkt annähernd alle Bereiche der Volkswirtschaft erfasst haben.

Der ehemalige amerikanische Arbeitsminister Robert B. Reich hat in seinem Erfolgsbuch „The Future of Success" (deutsch 2000, 166) diesen radikalen Wandel beschrieben:

„Vor etwa 30 Jahren begann sich die amerikanische Wirtschaft von der Massenproduktion zu einer Wirtschaft der ständigen Innovationen zu verändern. Diese Veränderung hat seither an Geschwindigkeit zugenommen. Ihre treibende Kraft ist die Technologie. Neue Kommunikations-, Transport- und Informationstechnologien, die kürzlich ihren Zenit im Internet und im E-Commerce erreicht haben, haben die Wahlmöglichkeiten der Kunden dramatisch vergrößert und es allen Kunden (einschließlich Geschäftskunden) erheblich erleichtert, nach besseren Angeboten und Geschäften zu suchen und zu ihnen zu wechseln. Vergrößerte Auswahl und schnellere Wechsel haben den Wettbewerb auf allen Ebenen intensiviert und jeden Anbieter dazu gezwungen, wie verrückt Innovationen hervorzubringen, Kosten zu senken und neue Mehrwerte zu schaffen."

Verständlich, dass man bei dieser Eile für die neuen Zeiten noch keinen einheitlichen Begriff gefunden hat. Man hatte wohl keine Zeit dazu. Meist begnügt man sich mit einem etwas farblosen „post", das jener Epoche vorangestellt wird, die seit längerem den Namen „Moderne“ trägt. Postmoderne nennt sich jene Zeit, in der das Gefühl, nicht mehr auf dem Laufenden zu sein, zum allgegenwärtigen Dauerzustand wird.

Unser aller Schicksal ist es heute, uns überall und immer zu verspäten. Das allseits angestrebte Ziel bleibt aber, pünktlich anzukommen und ständig über alles auf dem Laufenden zu sein. Die Grundfertigkeiten dafür muss man heutzutage selbst entwickeln, deshalb auch der Zwang zum lebenslangen Lernen. Hilfsmittel dafür werden im Überfluss angeboten. Der Computer, der Internetanschluss und das Mobiltelefon sind zweifelsohne die wichtigsten. Sie haben in kürzester Zeit den Status der existentiellen Grundversorgung erobert, denn nur sie ermöglichen, dass man immerzu up to date ist. Gleichzeitig sind sie jedoch auch für das weit verbreitete Gefühl verantwortlich, diesen Zustand niemals wirklich erreichen zu können.

Die Geschwindigkeit, mit der diese Geräte in die Gesellschaften der westlichen und der östlichen Welt Einzug gehalten haben, lässt nur allzu schnell vergessen, dass es bei diesen Informationsmedien nicht zuallererst darum geht, irgendetwas möglichst schnell zu transportieren. Es geht um den Transport von Informationen – um Inhalte, die wir in den Blick nehmen wollen und sollen. Der Blick auf den Wert, auf die Qualität der gespeicherten und übertragenen Informationen ist unverzichtbar, wenn wir uns heute der 1798 gestellten kantischen Frage, ob das menschliche Geschlecht wirklich im beständigen Fortschreiten zum Besseren sei, erneut aussetzen wollen. Schnell sein, ohne zu bedenken, aus welchem Grund man schnell ist, möglichst vieles gleichzeitig tun, ohne einen Gedanken darauf zu verwenden, was da eigentlich vergleichzeitigt wird, das ist ein risikoreiches Spiel. Ein solcher Fortschritt könnte seine Protagonisten schließlich auch als „elektrisch beleuchtete Barbaren“ (Fontane) zurücklassen. Dann bekäme Goethe recht: „Du bist sehr eilig, meiner Treu! / Du suchst die Tür und läufst vorbei“ (sprichwörtlich).

Foto: Jonas Geißler

Prothesen der Mobilität

Sind wir in unserer postmodernen Welt zur Beschleunigung der Beschleunigung, zur Vergleichzeitigung und damit zum Leben als Simultanten verdammt oder werden wir hierdurch befreit? Haben wir diese Entwicklung selbst gestaltet, oder wurde sie uns aufgedrängt? Womit werden wir eigentlich fürs Mitmachen belohnt und worauf müssen wir in Zukunft verzichten? Fragen, die vorerst unbeantwortet bleiben müssen, nicht zuletzt, weil wir uns erst am Beginn dieser neuen Zeit befinden. Aber solche

Fragen müssen gestellt werden, und zwar immer wieder. Sie müssen gestellt werden, um dem Zeitgeist eine Richtung zu geben und um zu verhindern, dass er zur „bösen Fee“ wird, die uns in ihre Knechtschaft zwingt. Das Nachdenken über „Zeit“ wird zwar keine Antworten darauf liefern, aber es ist notwendig, um die Voraussetzungen zu schaffen, Antworten finden zu können.

„Man kann eine Gesellschaft erst dann verstehen, wenn man weiß, wie sie mit Zeit umgeht“, schreibt der mexikanische Nobelpreisträger Octavio Paz in seinen Erinnerungen. Nur wenn man versteht, wie die Gesellschaft funktioniert, was sie zusammenhält und was sie sprengt, lässt sich realistisch einschätzen, was man tun und was man besser lassen soll, wo man mitmachen muss und wo man pausieren darf.

Halten wir in eine – im doppelten Sinne – neue Zeit-Epoche Einzug? Aus zeitanalytischer Sicht gibt es gute Gründe, dies anzunehmen. Der sich abzeichnende veränderte Umgang mit Zeit führt in eine Gesellschaft, in der die Menschen beständig Neues lernen müssen, um in ihr bestehen zu können. Konzentriert man diese These auf die Veränderung des herrschenden Zeitmusters, dann lautet sie: Die maßgeblichen Wandlungsimpulse in der zu Ende gehenden Moderne basierten auf dem Zeitmuster: „Beschleunigung durch Steigerung der Schnelligkeit“. Abgelöst, und dies markiert den Epochenwechsel zur Postmoderne, wird dieses durch das Zeitmuster: „Beschleunigung durch Vergleichzeitigung“.

Das speziell ökonomisch motivierte Bedürfnis nach Schnelligkeit, „the need for speed“, wie die Amerikaner formulieren, hat sich in der Postmoderne auf die Vergleichzeitigung hin verlagert. Das lässt jedoch nicht den Schluss zu, die postmodernen Zeiten seien antimodern. Sie sind vielmehr eine radikale Konsequenz aus der Zeitdynamik der Moderne und eine Reaktion auf die Probleme dieser ausklingenden Epoche. Die Postmoderne nämlich relativiert die Zeit der Uhr. Sie glaubt nicht mehr länger an einen gesellschaftlichen Fortschritt durch eine Unterwerfung unter die Pünktlichkeitsmoral. Sie verabschiedet sich vom Produktivitätsideal kalendarischer und chronometrischer Standardisierung. Potentiale des Fortschritts sieht sie hingegen in der Entwicklung einer Vielfalt von Zeitformen, durch die – so die Erwartungen und Hoffnungen – temporale Verhaltens- und Handlungsformen freigesetzt werden, die bisher auf die Schattenseiten der Moderne verwiesen wurden.

Die erfahrbaren Zeitturbulenzen werden heutzutage nicht mehr nur, wie dies in der Moderne geschah, als bedrohlich, als unproduktiv und irritierend erlebt. Im Gegenteil, heute werden dort kreative Potentiale entdeckt, sie werden akzeptiert und auch gezielt genutzt. Die Moderne hat uns gegen ihre Absicht gelehrt, dass die Zeit einen labyrinthischen Charakter besitzt. Letztlich ist die Moderne daran gescheitert, die Rätsel der Zeit mittels Ordnung lösen zu wollen. Die Postmoderne hingegen akzeptiert die Tatsache, dass es an der Zeit gar nichts zu lösen gibt, und dass unser Umgang mit dem Zeitlichen notwendigerweise zu Widersprüchen und Irritationen führt. Darüber hinaus ist sie das Eingeständnis, dass die Zeit, wie die Moderne das noch für möglich hielt, nicht beherrschbar ist. Letztlich lässt sie sich nicht ordnen, man kann nur mehr oder weniger sinnvoll auf sie reagieren. Das gute Leben besteht, so die postmoderne Idylle, aus schönen Widersprüchen und nicht – wie uns das die einflussreichen Protagonisten der Moderne glauben machen wollten – aus der absoluten Veruhrzeitlichung unseres Alltags. So gesehen ist die Postmoderne keine eigenständige Epoche, sondern die Suche nach Kriterien für ein neues Zeitalter, nachdem die Zeit der Moderne, die Zeit der Uhr, an ihr Ende gekommen ist. Sie ist der Abschied vom „chronometrischen Monotheismus“.

Immer wenn wir es mit der Zeit zu tun haben, befinden wir uns auf nebligem Terrain. Stets ist dabei vieles unklar und immerzu gilt es, sich auf unsicherem Gelände zurechtzufinden. Kant hat daher die Zeit mit guten Gründen ein „Unding“ genannt, weil sie letztlich weder durch anderes erklärt noch auf anderes zurückgeführt werden kann. Sie ist nicht – wie es im „Rosenkavalier" zu lesen und zu hören ist – ein „sonderbar Ding", sie ist ein „sonderbar Unding". Die Zeit gleicht einem farbenblinden Chamäleon, das sich farblich zwar hoch flexibel gibt, sich aber nicht an der realen, sondern an der imaginierten Umwelt orientiert. Insofern wäre es auch ein fataler Irrtum, in den sicht- und spürbaren Tendenzen zu postmoderner Vergleichzeitigung einen unzweifelhaften Fortschritt oder gar das Gute an sich zu erkennen. Die hörbaren Befreiungsverheißungen haben sich, zumindest bisher, nur sehr zögerlich erfüllt. Auch für diese Zeittendenz gilt die Erfahrung: Immer wenn der Fortschritt als Argument bemüht wird, empfiehlt es sich, Skepsis und Vorbehalte anzumelden. Das gilt selbstverständlich auch für das, was in diesem Buch zu lesen ist. Relativ einfach ist es nämlich, das zu beschreiben, was gewesen ist. Erheblich schwerer und riskanter ist es dagegen, sich darüber auszulassen, wie es werden wird. Meiner Neigung zur Leichtfertigkeit ist es zuzuschreiben, dies trotz aller Bedenken versucht zu haben.

Warum schreiben Autoren und Autorinnen über Zeit und warum findet das Geschriebene dann sogar noch Leser und Leserinnen? Mit Neugier und mit Wissbegierde allein lässt sich ein solches Interesse nur sehr oberflächlich erklären. Richtig, aber auch nicht allzu tiefgründig ist das Argument, dass speziell dort viel über Zeit geredet und geschrieben wird, wo die Selbstverständlichkeiten der Zeit und ihrer menschengemachten Ordnung brüchig werden. Wenn es aber darum geht, die wahren Motive für das Nachdenken über Zeit zu ergründen, landet man schnell beim Spekulativen. Meine Vermutung: Wir entfernen uns durch unsere Gestaltung des Alltags und die Ausstattung unserer Nahwelten mit immer mehr Hochgeschwindigkeitsgeräten zunehmend von den schönen Zeiten, von den Idealen des guten Zeitlebens. Die sichtbar zunehmende intensivere Beschäftigung mit Zeit wird zum Ersatz für das Scheitern an der täglich größer werdenden Anstrengung, die Zeit für sich zu gewinnen.

Der Wunsch, mit sich selbst, mit anderen Menschen und mit der Natur versöhnt zu leben, existiert nach wie vor. Ihn gab es bereits vor der Moderne, von ihm wurde die Moderne bestimmt und auch die Postmoderne wird in ihren Prozessen durch ihn unterfüttert. Im Nachdenken über „Zeit" – ob schreibend oder lesend – versuchen wir heutzutage der Erfüllung dieser Sehnsucht näher zu kommen – zumindest etwas näher. Vielleicht aber ist alles gar nicht so kompliziert und wir wollen letztendlich alle nur das Rätsel lösen, warum ein Kaffeestündchen mit lieben Menschen zufriedener macht als tausend E-Mails.

So ein Primavista spiellen
und scheissen ist bey mir einerley.
(W. A. MOZART 1778)

1. Der Simultant – fängt frühzeitig an

Beginnen wir mit einem Wirklichkeit gewordenen Märchen: Es war einmal ein Mann, der lebte in einer stillen, baumgeschmückten Straße am Rande einer großen und schönen Stadt. An den Werktagen verließ er zur gleichen Zeit wie sein schulpflichtiger Sohn das Bett und verschwand im Bad. Während er sich in der auf die gewünschte Wassertemperatur eingestellten Dusche aufhielt, hörte er die neuesten Nachrichten, und bei der Rasur bekam er schon die aktuellen Aktiennotierungen von der Tokioter Börse mitgeteilt. Auf dem kurzen Weg zum Frühstück schaute er noch schnell im Arbeitszimmer vorbei, ob in der vergangenen Nacht auch das angekündigte Fax eines Geschäftspartners aus Amerika angekommen war. Dank einer vor wenigen Tagen erworbenen technischen Neuerung, die mit dem Weckerklingeln sogleich die Kaffeemaschine und den Toaster aktivierte, fand er seinen duftenden Kaffee bereits fertig vor und musste daher für die frühmorgendliche Stärkung nur mehr Wurst und Marmelade herbeiholen. Während er sein Brötchen verzehrte, warf der erfolgreiche Mann noch einen Blick in die Zeitung und unterhielt sich zugleich mit seinem Sohn über den aktuellen Stand von dessen Schulleistungen. Dieser antwortete „mechanisch“ und konzentrierte sich derweil, vom Zeitung lesenden Vater unbemerkt, auf die SMS seiner Freundin. Die Zeitungslektüre setzte der Vater schließlich an jenem Ort fort, den man so gerne das „Örtchen“ nennt.

Als er schließlich kurz danach das Haus verließ, verriegelten sich Türen und Fenster von selbst und das Alarmsystem stellte sich – ebenso eigenständig – auf „Stand-by". Dank einer Freisprechanlage im Auto, mit dem sich der wohlhabende Mann auf den Weg in sein zentral gelegenes städtisches Büro machte, nutzte er seine Fahrtzeit, um der Sekretärin einige Dienstanweisungen zu übermitteln und von dieser den exakten Terminplan für den bevorstehenden Arbeitstag mitgeteilt zu bekommen. Zu gleicher Zeit verzehrte sein etwas unausgeschlafen dreinblickender Sohn (er hatte noch bis spät in die Nacht trotz mütterlichen Verbots heimlich im Internet gesurft), dem der Vater tags zuvor versprochen hatte, ihn heute noch schnell an der Schule vorbeizubringen, auf dem Beifahrer-Sitz den Rest seines Frühstücks. Währenddessen versuchte er, sich gegen den erwartbaren Frust des Schulalltags zu wappnen, zuerst durch die Hilfe seines Walkmans, dann durch das Einlegen seiner Lieblings-CD, und schickte gleichzeitig per MMS seinem Freund die versprochenen Fotos vom gestrigen Abend. Die Musik übertönte die Hinweise des elektronischen Navigationssystems, die den Vater durch den dichten Verkehr zur Bildungsanstalt lotsen sollten. Da der Sohn beim Einlegen der CD den automatischen Verkehrsfunk versehentlich ausgeschaltet hatte, versäumten sie schließlich die Einfahrt zum Schulzentrum. Die Zeitverdichtung forderte ihr erstes Opfer an diesem Tag. Schon wieder zu spät.

So, oder so ähnlich, muss man sich heutzutage die ersten neunzig Minuten eines Simultanten nach dem Aufwachen vorstellen. Immer wenn etwas geschieht – und es geschieht immer etwas – geschieht auch noch etwas anderes. Und immer wenn Simultanten etwas tun, bereiten sie gleichzeitig auch noch das vor, was sie als Nächstes und Übernächstes zu machen gedenken. Sie führen ein Leben auf vielen Spuren, und dies gleichzeitig. Sie sind es selbst, denen sie dabei stets versuchen zuvorzukommen. Die Gegenwart besteht für sie zuallererst aus der Simultaneität des Zeitlichen und dessen möglichst hoher Verdichtung. Die Zukunft machen sie zur Gegenwart und die Gegenwart zur Aktualität des Zukünftigen. Im doppelten Sinne sind diese Simultanten „freigeschaltete Menschen", die sich per Mausklick gleichzeitig in London, Tokio, Rio oder New York befinden. Sie werden vom selbstverordneten Zwang zur Verdichtung des Alltags beherrscht. Freiheit, so ihre „Welt-Anschauung" und „Welt-Gestaltung", ist die Realisierung grenzenloser Verdichtung und die Vergleichzeitigung möglichst vieler und vielfältiger Aktivitäten.

Der Fortschritt wird immerzu nur dort gesucht und auch entdeckt, wo eine stets größer werdende Anzahl von Operationen innerhalb ein- und derselben Zeitstrecke gleichzeitig vollzogen werden kann, dort, wo die Ereignisdichte zunimmt. „Es muss in diesem Leben mehr als nur das jeweils eine geben", lautet das unausgesprochene Lebensprinzip, mit dem sie ihr mannigfaltig verdichtetes Tun gegenüber sich und anderen rechtfertigen. Diesem Imperativ opfern sie die Erfahrung des Augenblicks, die Intensität tief gehender Beziehungen zu ihren Mitmenschen sowie das neugierige „Eintauchen" in Dinge und Prozesse. Sie verzichten in ihrem hektischen Aktivismus auf Pausen, auf Ruhe und Entspannung. Das tun sie in der Erwartung, noch schneller als die vielen anderen zu sein, die sich ebenso anstrengen, den Weg zum Paradies in Höchstgeschwindigkeit zu finden. Sie suchen das pausenlose Glück.

Dieses Paradies aber wird – auch das ein offensichtlicher Effekt der Beschleunigung – nicht mehr, wie ehemals, jenseits der irdischen Existenz gesucht. Im Diesseits muss es sich einstellen – und dies möglichst sofort. Simultanten sind daher gezwungen, auf ihrem Weg ins vermeintliche Paradies immerzu zwei Dinge gleichzeitig zu tun: Sie sind zum einen genötigt, sich stets zu beeilen, um sicher zu gehen, die erstrebte „Insel der Sehnsucht" auch innerhalb ihrer zeitlich begrenzten irdischen Existenz erreichen zu können. Zum anderen müssen sie immerzu aktiv sein, um sich diesem paradiesischen Zustand anzunähern. Da aber das Paradies bekanntermaßen kein eiliges, sondern ein heiliges Land ist, fällt für die Simultanten zu dem, was sie an Hektik und

Aktivität produzieren müssen, noch zusätzlich viel Arbeit an, um die Widersprüche zwischen dem Weg und dem Ziel beiseite zu räumen. Es gilt, die Zeit möglichst fleißig zu nutzen, um sich dem Ort des wunschlosen Glücks anzunähern. Andererseits wird dieser erstrebte Zustand aber nur dann eintreten, wenn man vom Druck befreit ist, die Zeit immerfort nutzen zu müssen. Schnelligkeit und stete Beschleunigung sind nämlich – wenn überhaupt – so doch allerhöchstens unterstützende, jedoch in keinem Fall hinreichende Aktivitäten, um an jener Tür anzukommen, hinter der Dante ehemals die „lichte Herrlichkeit" des Paradieses verortete.

Die Vorstellungen von dem, was im herrlichen Garten, „darin Milch und Honig fließt" (2. Mose 3,8), schließlich zu erwarten ist, haben sich im Laufe der Geschichte grundlegend verändert. Heutzutage gilt das irdische Paradiesprogramm erst dann als erfüllt, wenn rund um die Uhr sieben Tage die Woche mit nie gekanntem individuellem, sozialem und materiellem Energieaufwand gearbeitet, konsumiert und erlebt wird. Die italienischen Versdichter des 16. Jahrhunderts stellten sich dies noch ganz anders vor: Sie träumten von einem Ort, an dem „immerwährend Gesang und Lachen herrschen, wo man für einen Omattrino 100 Stück Marzipan bekommt, die Häuser Zuckerdächer haben, der Malvasier strömt und es Manna in den Mund regnet" (Richter 1988, 110). In heutigen Zeiten, in denen die Ärzte dringend von Schleckereien aller Art abraten, in denen uns der Gesang und das Lachen mit penetranter Unterstützung von Beschallungen aus Radio- und Fernsehgeräten, aus Fahrstühlen, allerlei „stillen" Orten, Supermärkten und Kaufhäusern flächendeckend entgegenkommt, sieht das Paradiesprogramm grundlegend anders aus. Es wird bevorzugt auf Computer-Messen präsentiert. Softwaregiganten versprechen dort die Rundum-Digitalisierung einer vernetzten Lebenswelt, in der die Freiheit ort- und zeitlos ist, in der das Wünschen grenzenlos und die Wunscherfüllung versofortigt wird. Sie versprechen pausenloses Glück.

Schaut man jedoch etwas genauer hin, dann erkennt man eine kleine, aber doch entscheidende Differenz zum „alten“, zum biblischen Paradies. In diesem nämlich war man wunschlos glücklich, während man heute immerzu neue Wünsche benötigt, um glücklich werden zu dürfen. Dort war man von aller Arbeit entlastet, hier und heute jedoch muss man ununterbrochen arbeiten, um irgendwann einmal hoffen zu können, von allen Sorgen und Mühen entlastet zu sein. Sehr groß jedoch ist dabei die Wahrscheinlichkeit, dass man auf dem Weg zum Paradies bereits das Zeitliche segnet und vorher am Glück vorbeiläuft. Pausenloses Glück, das kann nicht funktionieren. Denn das Glück hat seine Heimat in der Pause.

In solch widersprüchliche Dynamik verwoben und verwickelt, treiben wir uns selbst und unsere Mitmenschen zu immer neuen Höchstleistungen an. „Sei schneller und flexibler“ lautet der heute an fast allen Orten und zu allen Zeiten zu befolgende kategorische Imperativ. Er verurteilt uns schließlich dazu, ununterbrochen mit unserer Mitwelt um die Wette zu leben. Den englischen Sozialwissenschaftler Anthony Giddens motivierte dieser Sachverhalt dazu, von einer „Runaway World“ zu sprechen. Mit dieser treffenden Vokabel beschreibt er die Veränderungen unseres Lebens unter den Bedingungen globalisierter Dynamik (1995). Könnte es eventuell sein, dass wir uns in einer solchen „Runaway World“ entgegen unserer Absichten vom Ziel eines gerechten und friedlichen Lebens, das frei von allem Mangel ist, immer weiter entfernen, und zwar in erster Linie dadurch, dass wir uns ihm in hektischer Art und Weise anzunähern versuchen?

Wo rennen wir eigentlich hin? Eine Frage, die die Menschheit seit jenen Tagen beschäftigt, als sie sich entschloss, das irdische Handeln in die eigene Hand zu nehmen. Da wir dies im Verlauf der letzten 500 Jahre zunehmend umfassender und grundlegender getan haben, wird heute die Antwort auf die Frage nach dem Ziel unseres Tuns zunehmend dringlicher. Ohne sie liegt der Eindruck nahe, wir liefen mit aller Hast und Rennerei vor dieser Frage davon und noch ein wenig schneller vor einer Antwort darauf.

Wohin also rennen wir? Nicht selten ins Kaufhaus, das, so eine Information des Strategie-Teams der Karstadt AG, in naher Zukunft nicht mehr ein Kaufhaus, sondern ein „Lebenshaus" sein soll. In dessen Räumen können, so die schöne neue Welt, die Konsumenten noch mehr Abwechslung und zusätzlich auch noch die Befriedigung ihrer immateriellen Sehnsüchte erwarten. Das Kaufhaus, so die derzeitigen Paradiesverkäufer aus der Abteilung „Wunscherfüllung", wird zu einem Areal der Gleichzeitigkeit von „Essen und Trinken, Multimedia, Sport, Personality, Fashion und Living". In Konkurrenz zu solchen Versprechungen haben es die Heilsvorstellungen vergangener Zeiten schwer. Die Ideengeber ehemaliger „Milch-und-Honig-Vorstellungen" können jedoch mit einem entscheidenden Vorteil aufwarten: Das „alte" Paradies kennt keinen Tod. Und das neue? Nimmt man die zur Zeit gehäuft auftretenden verführerischen Zeitungsanzeigen sowie die plakativen Versprechungen der aufdringlichen Werbeflächen am Straßenrand beim Wort, dann sind wir, zumindest was den Sieg über die Beschränkung irdischer Zeitlichkeit anbelangt, einen großen Schritt weitergekommen. In überdimensionierten Lettern wird – bevorzugt von solchen Banken, die versuchen, ihre Kunden mittels Online-Banking zu ihren unbezahlten Angestellten zu machen – verkündet: „Und wieder werden sich Menschen von Raum und Zeit befreien."

Ob das als frohe Botschaft interpretiert werden kann? Bislang war die Abschaffung von Zeit und Raum ein himmlisches Projekt. Wenn dies jetzt als irdisches Programm angekündigt wird, sind Zweifel durchaus berechtigt. Denn solange die Sterblichkeitsquote bei 100 Prozent liegt, ist die Abschaffung der Zeit mit einem Todesurteil identisch. Hätte man wirklich vor, die Zeit zu eliminieren, müsste man zuerst das Kunststück vollbringen, den Tod zu besiegen. Versucht wird dies zwar allerorten, weit gekommen ist man bisher jedoch dabei nicht. Trotz alledem scheinen solche falschen Botschaften jenen, die sie teuer bezahlen, zu nutzen. Es ist die zweifelsohne schöne Illusion, von der Zeitlichkeit und damit auch von der Endlichkeit befreit werden zu können, die den beabsichtigten Mehrwert garantiert. Nicht an der Realität, an den Illusionen wird verdient.

Zumindest für die nächste Zeit wird es ein Wunschtraum bleiben, sich von der Zeit befreien zu können. Auch dann, wenn die „Klonierer" dieser Welt jene Fortschritte wirklich machen, die sie lauthals und voreilig immer wieder ankündigen. Die ganz große Freiheit, nämlich über den Zeitpunkt des eigenen Todes entscheiden zu können, existiert nur für Selbstmörder.

Die Illusion der Zeitlosigkeit ist nur deshalb so erfolgreich, weil die meisten Menschen nicht mit ihrem irdischen Zeitleben zurechtkommen. Interpretiert man das annoncierte Freiheitsversprechen etwas bescheidener, als es sich selbst präsentiert, dann heißt das, dass wir heute mit neuen, bisher unbekannten Raum- und Zeitfreiheiten rechnen können. Diesbezüglich wäre jedoch eine minimale, aber doch entscheidende Ergänzung notwendig: „Und wieder" – so die erheblich realistischere Formulierung – „werden sich Menschen von traditionellen Raum- und Zeit**ordnungen** befreien." Die Menschheit verändert nämlich weder den Raum noch die Zeit, sie verändert ihre Vorstellungen darüber und die Ordnungen, die sie mit ihren Vorstellungen macht. Es geht in den weitaus meisten Fällen, in denen von „Zeit" gesprochen wird, um nichts anderes als um die jeweilige Ordnung des Vergänglichen. Darauf weist im Übrigen bereits die Herkunft des Wortes „Zeit" hin: „Die althochdeutschen (zit), germanischen (ti-di), altindischen (dati) und altnordischen (tina) Wortwurzeln bedeuten ‚zerteilen, zerschneiden, zerpflücken'. Sie beziehen sich also auf die Ordnung und Gliederung durch eine menschliche Handlung und nicht auf eine vorfindbare Entität der Natur" (Beck 1994, 82).

Ordnung herrscht dort, wo die Zeit einen Ort hat. Diesen Ort der Zeit nennen wir den Zeitpunkt. Mit Zeitpunkten konstruieren wir zeitliche Abfolgen und Verläufe. So etwa den jeweiligen Stand und den Gang der Zeiger an der Uhr. Als Uhrzeit bestimmt diese Ordnung unseren mitteleuropäischen Tagesablauf seit über 500 Jahren, besonders intensiv seit Beginn des 19. Jahrhunderts. Wir schaffen mit Zeit sozial und auch individuell Ordnung. Wir strukturieren damit beispielsweise den Verlauf der Woche dadurch, dass wir bestimmten Tagen (den Sonntagen) hervorgehobene und gesonderte Funktionen geben. Subjekte wiederum ordnen mit Hilfe von Zeitpunkten ihre Biographie und machen sie dadurch zum je spezifischen Lebenslauf.

Das, was wir mit einem ordnenden Begriff „die Moderne" nennen, jene Epoche, die die Historiker mit der Renaissance beginnen lassen, zeichnet sich durch ein beispielloses Streben der herrschenden Kräfte aus, über die Festlegung von Zeitpunkten Ordnung im Rahmen des Gesellschaftlichen, des Sozialen und des Privaten zu schaffen. Nicht zuletzt wurde eben dafür die mechanische Uhr erfunden und verbreitet. Sie war schließlich auch deshalb so unvergleichlich erfolgreich, weil die Mächtigen mit deren Hilfe ihre Ordnungsinteressen gegenüber den Untertanen in einer relativ indirekten, aber äußerst effektiven Art und Weise durchsetzen konnten. Aber es war nicht allein die Ordnung der Zeit, die zu dieser Zeit entwickelt wurde, zugleich wurde auch die Idee, mit und durch Instrumente der Zeitmessung (durch Uhren und Kalender) weltliche Formen der Ordnung herzustellen, entscheidend wirksam. Diese Ordnungsvorstellung fand ihre höchste Ausprägung im Ideal einer Welt, die nach dem Mechanismus der Uhr funktionieren sollte. Den Herrschenden kam dabei die Aufgabe zu, die Welt gewordene Uhrzeitordnung möglichst reibungslos in Gang zu halten. Im Räderwerk dieser mechanistischen Vorstellung fand schließlich jeder Bürger seinen (untergeordneten) Platz. Zeitordnung, das wird dabei deutlich, ist immer Ordnung von Herrschaft.

Diese Anschauung der Welt hat sich besonders intensiv in jenen Gesellschaften durchgesetzt, die die Industrialisierung des wirtschaftlichen Handelns vorantrieben. Pünktlichkeit, Berechenbarkeit, Kontrollierbarkeit, all diese vom Gang der Uhr abgeleiteten Eigenschaften wurden in diesen Gesellschaften zu den zentralen und bestimmenden Elementen gesellschaftlicher Organisation und individuellen Verhaltens. Heute, am Ende des Industriezeitalters, scheint dieses chronometrische Ordnungsgefüge aus den Fugen zu geraten. Erheblich später übrigens, als Shakespeare diagnostizierte: „Time is out of joint."

Weder die große Welt noch die vielen kleinen Welten unseres Alltags lassen sich in der Gegenwart noch problemlos am Ordnungsideal der Uhr und an deren Funktionsweise ausrichten. Robert Musil (1978, 379) beschrieb zu Beginn des 20. Jahrhunderts das, was schließlich hundert Jahre später zur Realität wurde: „Alles, was man an Ordnung im Einzelnen gewinnt, verliert man wieder am Ganzen, so dass wir immer mehr Ordnungen und immer weniger Ordnung haben!" Die Zeitordnung der Uhr hat ihre Macht verloren. Wir sind unsicher geworden, ob wir eine andere Ordnung benötigen, ob wir weniger oder mehr Ordnung brauchen. Die allseits laut und zunehmend aufdringlicher formulierten Forderungen, sich flexibler zu verhalten und zu entstandardisieren, um letztlich das Ungewöhnliche zu wagen und Neues zu riskieren, deuten auf gravierende Veränderungen unserer zeitlichen Ordnungsvorstellungen hin. Der Zeitgeist scheint sich zu verändern und das aktuelle Zeithandeln gleich mit. „Alles ist jetzt ultra." Das notierte nicht etwa ein distanziert-kritischer postmoderner Beobachter der Entwicklung unseres Umgangs mit der Zeit zu Beginn des 21. Jahrhunderts. Goethe war es, der in einem Brief an seinen Freund Zelter vom 6. Juni 1825 mit solchen Worten die sich beschleunigende Dynamik der Postkutschenzeit beurteilte. Die Zeit ist relativ und die Zeiten sind es auch. Heute ist für sehr viel mehr Menschen, nicht nur für Kulturheroen, „alles ultra". Wir nennen sie die Simultanten.

Zeichnung: Steven Marcus

Doch wer mir folgt,
hat immer was zu tun.
(J. W. GOETHE/FAUST)

2. Alles gleichzeitig

Wer ab und zu mit dem Bus oder der Straßenbahn fährt, kann bisweilen, mit etwas Glück, neben dem Chauffeur den freundlichen Hinweis entdecken: „Bitte nicht mit dem Fahrer sprechen." Er ist einen nostalgischen Blick wert, denn er stammt aus einer Epoche, in der die Menschheit der Auffassung war, man könne eigentlich immer nur eine einzige Sache gründlich und richtig machen, während die gleichzeitige Erledigung mehrerer Aufgaben eine zu vermeidende Gefahr darstellen würde.

Die Realität im öffentlichen Nahverkehr der Großstädte sieht heute ganz anders aus. Zu entdecken sind Busfahrer, die sich in permanentem Funkverkehr mit ihrer zentralen Verkehrsleitstelle befinden, die dabei gleichzeitig Auskünfte an Rat suchende Fahrgäste geben und nebenbei auch noch Fahrkarten an Kunden verkaufen, die regelmäßig mit zu großen Geldscheinen bezahlen. Aber auch das scheint sie in ihrem Arbeitseifer noch nicht auszufüllen. Die Fahrer vergessen darüber hinaus nicht, ihre Mitfahrer rechtzeitig über die nächste Haltestation zu informieren und welch große Vielfalt an Umsteigemöglichkeiten sich ihnen dort bietet. Entlastend ist es, wenn die Polizei sie gerade nicht einmal über Funk bittet, ihre Aufmerksamkeit auch noch auf flüchtende Bankräuber oder anderweitige Straftäter zu konzentrieren. Es ist bewundernswert, wie sich Busfahrer heutzutage als Jongleure der Simultaneität durch das Gewühl der Großstadt bewegen und ihre Kunden dabei in den allermeisten Fällen sicher ans Ziel bringen. Daher ist es sinnvoll und konsequent, dass die Passagiere nun fast überall auf Hinweisschildern aufgefordert werden, sich während der Fahrt einen festen Halt zu verschaffen. Den brauchen sie freilich auch, da sie nicht mehr davon ausgehen können, dass sich der Buslenker ausschließlich aufs Fahren konzentriert.

Die Angestellten städtischer Verkehrsbetriebe sind jedoch nicht die einzigen und bei weitem auch nicht die auffälligsten und anfälligsten Personen, denen solche Parallelarbeit zugemutet wird. Die allermeisten Menschen vergleichzeitigen ihr Tun freiwillig. Sie begrüßen diese Arbeitsverdichtung als eine neue Form von Lebensqualität, die ihnen Abwechslung, Möglichkeitsvielfalt und wachsende Entscheidungsfreiheit verspricht. Manche weisen auch stolz darauf hin, dass sie „multitasking-fähig" sind.

Unterschieden sich mächtige Menschen von weniger einflussreichen ehemals durch die Breite und die Vielfalt ihres Aktionsspielraumes, so ist dieses Differenzierungsmerkmal heute abhanden gekommen. Vorstandschefs verraten in Interviews stolz, dass sie jede freie Minute zum Telefonieren und zum Mailen nutzen, selbstverständlich auch während des Auto- und des Zugfahrens. Ihre Mitarbeiter, vom Prokuristen über die Sekretärin bis zum Lagerarbeiter, tun dies heute genauso – sie müssen es tun. Geschäftsführer und Lagerarbeiter lassen sich in dieser Hinsicht in ihrem Alltagshandeln kaum mehr unterscheiden. Allen Hierarchiestufen gemeinsam gilt der Befehl: „Mach mehr aus Deiner Zeit!" Und diesen Imperativ befolgt, wer vermeidet, immer nur an einer Sache zu arbeiten, und wer, wenn er von der Arbeit nach Hause kommt, nicht mehr die Beine hochlegt und vor sich hindöst, sondern den Anrufbeantworter abhört, weil vielleicht noch etwas Dringendes für die Firma zu erledigen sein könnte. Daher werden Pausen oder sonstige Unterbrechungen, ob bei der Arbeit, bei Sportereignissen oder bei Theateraufführungen, zunehmend zum Telefonieren und neuerdings auch zur

Sichtung und zur Lektüre eingegangener Nachrichten und Informationen genutzt.

Wirkliche Pausen verschwinden. So ist es an der Tagesordnung, dass immer dann, wenn man sich entschlossen hat, etwas zu tun, davor und mitten drin schnell noch etwas anderes getan werden muss. Dieses hält die Betreffenden nicht selten davon ab, wirklich das zu machen, was sie sich zu tun vorgenommen hatten. Der Alltag entwickelt sich zur Collage kurzfristiger Entscheidungen und Ablenkungen – nicht selten schließlich auch von dem, was eben erst entschieden wurde.

Diesem Kult der Vergleichzeitigung dienen in aller erster Linie Männer. Man sieht aber immer häufiger auch Frauen, die, während sie ihre Kleinkinder stillen, die Mails sortieren und dabei den älteren Kindern noch das Frühstück bereitstellen. Im Arbeitsbereich sind Frauen dem Vergleichzeitigungsdruck in gleichem Maße ausgesetzt wie ihre meist männlichen Vorgesetzten – häufig sogar erheblich umfänglicher. Für sie jedoch ist Parallelarbeit nichts grundlegend Neues. Die Gleichzeitigkeit von Familien- und Berufsarbeit hat Frauen immer schon gezwungen und befähigt, vielerlei Dinge zur gleichen Zeit zu tun. Was sie jedoch nicht selten von den Männern unterscheidet, ist ihre nicht unberechtigte Skepsis, mit Hilfe von parallelisierter Multiaktivität zu großen neuen Freiheiten kommen zu können. Männer hingegen erwarten dies häufig. Deshalb sind sie es auch meist, die die geringer gewordene Ruhe in dieser Welt weiter reduzieren – und während ihrer Mitarbeitergespräche so ganz nebenbei noch Mails, Bilanzen oder Statistiken studieren.

Die Gleichzeitigkeit unterschiedlicher Aktivitäten, die simultane Arbeit an mehreren Aufgaben, Programmen und Entwicklungen, ist als vereinzelt auftauchendes Phänomen nichts grundsätzlich Neues. Seit jeher bekannt ist die Gleichzeitigkeit von Essen und Arbeiten – von der Stulle am Schreibtisch bis zum üppigen Sechs-Gänge-Menü mit ausgewählten Top-Kunden. Das beliebte Schweizer Offiziersmesser – italienisch aussagekräftiger: „coltellino multifunzione“ – kann als ein mechanischer Vorläufer jener vielen multifunktionalen Instrumente gesehen werden, die unseren heutigen Alltag zeitlich zu verdichten erlauben.

Frühes Vergleichzeitigungsinstrument

Seit längerem bereits kann man sich fahrend und fliegend von einer Großstadt zur anderen begeben, indem man während des Transports gleichzeitig sein Nahrungsbedürfnis befriedigt. Übrigens, wie Loriot, ein aufmerksamer Beobachter dieser Vergleichzeitigungsdynamik, einmal anmerkte, ein Sachverhalt, der dem homo sapiens seine Einzigartigkeit in der Welt des Lebendigen verschafft: Denn einzig dem Menschen ist es vorbehalten, beim Fliegen gleichzeitig eine warme Mahlzeit zu verzehren.

Ein besonders großer Freund der Gleichzeitigkeit ist der homo telefonensis: Das persönliche Mehrzweck-Medium „Mobiltelefon“ ist gerade mal 20 Jahre auf dem Markt und hat in Rekordzeit (der Kühlschrank brauchte erheblich länger) eine flächendeckende Verbreitung erfahren. Entscheidend dazu beigetragen hat die Multifunktionalität des Gerätes: Man kann mit ihm mobil kommunizieren, man kann sich per Handy wecken lassen, Termine organisieren, Notizen speichern, den Spieltrieb befriedigen, ins Internet gehen, Kurzbotschaften (SMS) und Fotos senden und nicht zuletzt auch noch die Uhrzeit ablesen.

Simultanhandlungen werden immer präsenter im öffentlichen Raum. Zum unauffälligen Alltag gehört es, dass Personen bei 170 Stundenkilometern, während sie mit dem Beherrschen ihrer Fahrzeuge an ihrer Grenze angelangt sind, lange Telefongespräche führen. Man sieht Menschen, die beim Einkaufen, im Zug, am Badestrand, im Museum und manchmal sogar während des Mittagessens Aktien ordern, die sie dann beim Nachmittagskaffee wieder losschlagen. Alles dies prägt unsere soziale Umwelt inzwischen mit einer Selbstverständlichkeit, dass wir uns nicht mehr darüber wundern.

Gewöhnt haben wir unsere Wahrnehmung, nach einer kurzen Irritationsphase, auch an jene Nachrichtensender, die neben verbalen Informationen zusätzlich noch zwei rasch laufende Infobänder präsentieren. CNN und n-tv sind zur Zeit dafür repräsentativ. Auch die öffentlich-rechtlichen Sender scheinen sich der privaten Konkurrenz um die permanent flimmernde Gleichzeitigkeit anpassen zu wollen. Auch sie versuchen seit kurzem, mit zusätzlichen Infobändern ihre Attraktivität zu erhöhen. Das nötigt die Privatsender, die Eskalationsspirale der Simultanität noch etwas weiter zu drehen. Man kann sich dabei kaum des Eindrucks erwehren, die Menschheit müsse noch viel lernen, um von der selbst entwickelten Optionsvielfalt schließlich nicht abgehängt zu werden. Da haben es Jugendliche zweifelsohne besser. Sie erfahren Simultaneität inzwischen als einen Normalzustand.

Sie wachsen in eine Gesellschaft hinein, in der sie Optionssteigerungen als positiv und Vergleichzeitigung als selbstverständlich erleben. Bereits beim Frühstück, zu einer Zeit, wo Jugendliche üblicherweise noch nicht allzu sehr für Belehrungen ansprechbar sind, finden sie in ihrer Schoko-Müsli-Packung neben den erwarteten Haferflocken auch PC-Tipps mit Lern-Hinweisen: Dienstags: „Wie öffne ich mehrere Dateien gleichzeitig?“, zwei Tage später dann: „Wie platziere ich zwei Fenster exakt nebeneinander?“ So geschult, gelingt es ihnen anscheinend völlig problemlos, sich in den öffentlichen Verkehrsmitteln über einen Knopf im Ohr mit ihrer Lieblingsmusik beschallen zu lassen, dabei eine SMS an Freunde und Freundinnen zu verschicken und zugleich dem Kontrolleur den nicht immer gültigen Fahrausweis zu zeigen.

Steigt die Kurzfristigkeit der Planung von unterschiedlichen Aktivitäten, dann wächst auch die Schnelligkeit des Wechsels zwischen ihnen. Beim Einkaufen überlegt man bereits, wie das zu Erwerbende wieder entsorgt werden kann, beim Fernsehen zappt man hin und her, schaut fix rein und geht schnell wieder raus. Ob man sich unterhält, ob man arbeitet oder sich vergnügt, man kann es nicht mehr unterscheiden. Alles geschieht gleichzeitig. „Quick and easy“ heißt die beliebte Attraktionsformel, mit der das schnelle Essen ebenso angepriesen wird wie das neueste Haarwaschmittel und der Wochenendtrip in die ferne Wüste. Je mehr Abwechslung in immer rascherer Folge, je mehr Möglichkeiten zu gleicher Zeit, um so größer – so die Hoffnung – ist die Wahrscheinlichkeit, dem erfüllten Leben einen Schritt näher kommen zu können. Vielfach aber wird statt der Erfüllung dieses Wunsches nur eine Illusion geliefert. Diese hält nicht allzu lange an und wird von einer neuen abgelöst – das profitable Gerät dafür ist in den meisten Fällen immer schon auf dem Markt.

Unentwegte Präsenz bei permanenter Flüchtigkeit mit immer kurzfristigerem Verfallsdatum, das sind die Charakteristika einer sozialen Umwelt, die durch Menschen geprägt wird, die vom

„Willen zur Überschreitung“ (Cioran) getrieben werden. Nicht wenige jedoch müssen in dieser multifunktional vergleichzeitigten Welt den Eindruck haben, zu spät in einen Film geraten zu sein und deshalb die Handlung nicht mehr auf die Reihe bringen zu können. Hierdurch sind sie schließlich genötigt, darüber zu rätseln, warum alles so ausging, wie es geendet hat. In solch ratloser Situation trösten sich ältere Multifunktionalisten gerne mit der Volksweisheit: „Kommt Zeit, kommt Rat“, die Goethe in Reimgestalt setzte: „Wer will denn alles gleich ergründen! Sobald der Schnee schmilzt, wird sich's finden.“

In den allermeisten Fällen aber kommt der Rat leider doch nicht mit der Zeit. Schon eher kommt an dessen Stelle irgend etwas Neues und Dringenderes, das aber wiederum sehr rasch durch noch Neueres, noch Dringenderes abgelöst wird. Wer bei solch hochbeschleunigter Veränderungsdynamik nach dem Sinn fragt, gerät leicht in Gefahr, als skurrile Erscheinung, als „Überbleibsel“ einer längst vergangenen Epoche bestaunt zu werden. In Musils Roman „Mann ohne Eigenschaften“ fragt Ulrich, der Protagonist, konsequenterweise daher auch, wozu der Mensch „eigentlich einen Sinn brauche? Es ginge doch auch so, meinte er“ (Bd. 1, 216). 90 Jahre später wissen wir es, er hatte recht. Es geht auch ohne Sinn, nicht zuletzt weil das, was ist, und das, was man will, jederzeit auch anders sein könnte.

Für den homo simultans gehört die Einschränkung des Handlungsspielraumes und die Reduktion der Möglichkeiten zum größten aller vorstellbaren Vergehen. Denn die Vergleichzeitigung ist inzwischen zu einer entscheidenden Produktivkraft in den Sektoren Wirtschaft und Arbeit geworden. Darüber hinaus wurde sie für die Individuen auch noch zu einer großen Fortschrittshoffnung. Mobiltelefon, Laptop, Playstation und andere Geräte, Internet, UMTS, ISDN und andere Technologien scheinen das Werbeversprechen, sich heute endlich von den Fesseln von Raum und Zeit befreien zu können, einzulösen. Dort, wo sie eingesetzt und installiert werden, kennt die Freiheit der Mobilmachungskultur (Sloterdijk) keine Grenzen mehr, weder die des Raumes noch solche der Zeit.

Die Innenausstattung der zur gehobenen Klasse zählenden Automobile beweist dies ebenso wie die Möblierung der neuen Hochgeschwindigkeitszüge der Bahn AG. Vieles lässt sich dank allerlei installierten und tragbaren Multifunktionsgeräten in diesen Verkehrsmitteln gleichzeitig tun: Man kann damit von einem Ort zum anderen kommen – was ja der ursprüngliche Zweck solcher Transportmittel war –, man kann aber auch Filme ansehen, Radio- und Kassettenprogramme hören, im Internet surfen, man kann essen und trinken, selbstverständlich auch telefonieren – und das alles gleichzeitig.

Dank einer Vielzahl von Datenterminals lässt sich während des Hochgeschwindigkeitstransports darüber hinaus auch trefflich über unseren heutigen Umgang mit der Zeit nachdenken: Zu Papier gebracht, kann man das Produkt – ist der Laptop für die Mailkorrespondenz gerade nicht verfügbar – ans Sekretariat durchfaxen, damit es von dort an die Zeitungsredaktion weitergeleitet wird, während man in diesem Augenblick bereits die aktuellen Börsenstände abfragt und rasch noch einige Kauf- oder Verkauforders gibt. Und im Büro – da sitzt die Sekretärin vor ihren Multifunktionsgeräten und bemüht sich um die Vergleichzeitigung jener Tätigkeiten, die wir „drucken, scannen, faxen und kopieren" nennen.

Auch die innerstädtische Möblierung fordert zu immer mehr Simultanhandlungen auf. An den Haltestellen städtischer Verkehrsbetriebe tauchen in neuester Zeit sogenannte „intelligente Wartehäuschen" mit angeschlossenen Automaten auf, die das tatenlose Herumstehen bei den zunehmenden Verspätungen der Verkehrsmittel dadurch profitabel zu machen versuchen, dass sie Theater- und Kinokarten für das kommunale Abendvergnügen anbieten. Solch innovative Stadtmöblierung wird ergänzt durch sich epidemisch ausbreitende Erlebnisareale, die, treffend und kreativ, als „Multiplex-Center“ firmieren. Sogar die eher traditionslastigen „Bildungsinstitutionen“ haben sich diesem Trend geöffnet und nutzen die Attraktivität des Simultanen. Sie präsentieren sich als Erlebnispark mit diskreten Bildungsansprüchen, meist in Kombination mit Kunstgalerien, Cafés, Chat-Rooms, Konzerträumen und Arealen der meditativen Entspannung. Dort kann die lern- und unterhaltungswillige Bevölkerung in subventionierter Form ihre Synchronansprüche so lange befriedigen, bis neue Institutionen auf dem Markt der Möglichkeiten auftauchen, die noch mehr Vergleichzeitigung anbieten. Das Bildungserlebnis besteht dabei meist darin, die Illusion bestätigt zu bekommen, bei noch mehr Paralleltätigkeit zumindest drei, vielleicht sogar vier Leben in einem führen zu können.

Ganz ähnliche Motive sind es auch, die die Architekten dazu bringen, Kaufhäuser, Bahnhöfe und öffentliche Dienststellen so zu konzipieren, als handle es sich hierbei um verführerische Erlebnis- und Unterhaltungszentren. Freibäder werden zu Aqua-Parks, Fußballarenen zu Orten, an denen man zwischen Opernaufführungen, Rockkonzerten und Sonnenstudios, zwischen Uraufführung von Kinofilmen und – dank der Erfindung des Kunstschnees – neuerdings auch noch Skirennen wählen kann. Besonders gerne sehen es die dort agierenden Event-Manager, wenn man beim Erlebniskonsum gleichzeitig vieles tut. Denn die Optionssteigerung ist selbstverständlich nicht in aller erster Linie auf ein Mehr an Möglichkeiten, sondern auf eine breitere und intensivere kostenpflichtige Teilhabe ausgerichtet. Nur diese sichert die Rentabilität.

Machen Sie sich kundig: Unter www.hauptbahnhof-muenchen.de findet man das reichhaltige Angebot des Münchner Reisezentrums der Bahn AG, das sich als multiples Erlebnis-, Fun- und Einkaufszentrum mit Gleisanschluss präsentiert. Friseurbetriebe sorgen sich dort um die Haare der Besucher, die Textilpflege um ein allzeit sauberes Hemd, der FC Bayern versucht seine Fans mit allerlei überflüssigen Artikeln schon in Gleisnähe zufrieden zu stellen, ganz zu schweigen von einer großen Anzahl von Stehimbissen, Saft- und Kaffeebars, Fast-food-Tresen sowie Zeitungs- und Buchgeschäften. Sogar Münzsammler finden im Münchner Bahnhof das Fachgeschäft für ihr Hobby. Allein der Hinweis der Bahn AG auf weitere Erlebnismöglichkeiten in der Stadt lässt daran zweifeln, ob es wirklich sinnvoll ist, sein Leben ausschließlich im Bahnhof zu verbringen.

Nun gibt es aber auch Menschen, die zu Hause bleiben und sich damit den vielen Möglichkeiten, die außerhalb der vier Wände auf sie warten, entziehen. Aber auch sie müssen nicht auf Multiaktivität verzichten. So etwa beim Genuss literarischer Texte. Diesen gibt es nämlich jetzt auch in Form des Hörbuchs. Das hat eine beispiellose Blitzkarriere hinter sich. Der Grund dafür ist die Optionserweiterung: Bislang war man beim Lesen eines traditionellen Buches an einen Sitzplatz gebunden, musste sich auf Zeilen und Buchstaben konzentrieren und konnte die Hände zu nichts anderem als zum Festhalten des Buches und zum Umblättern der Seiten benutzen. So etwas wird heutzutage als ein untragbarer Zustand der Freiheitsberaubung empfunden. Hörbücher hingegen eröffnen Handlungsspielräume, die literarischen Genuss mit Hausarbeiten aller Art, z. B. mit Bügeln, dem Zusammenschrauben von Möbeln, dem Ausfüllen von Banküberweisungen und dem Zubereiten des Abendessens zu kombinieren erlauben. Sie sind literarische Freisprechanlagen für Parallelhandlungen.

Diese „Two-in-one-Techniken“ wenden Gleichzeitigkeitspropagandisten auch mit Vorliebe beim Essen an. Sogar die kommunikationsfreudigen italienischen Familien ziehen es inzwischen – so vermelden es die Statistiken – mehrheitlich vor, beim Abendessen fernzusehen. Schließlich trifft man eine solche Form der Daseinsoptimierung auch noch dort an, wo man sich beim Essen für das so genannte „Fingerfood“ entscheidet. Eine nicht immer geschmackvolle Technik, bei der es aber zumindest mit einer Hand möglich ist, gleichzeitig Zeitung zu lesen, E-Mails zu verschicken, den Rasen zu sprengen, den CD-Player zu programmieren oder sich durch das TV-Angebot zu zappen und im günstigen Fall sogar für kurze Zeit satt zu werden.

Seit längerem bereits ist das Radio zum führenden „Nebenbei- bzw. Begleitmedium“ mutiert. Der Hörfunk ist unser elektronischer Dauergast, der, was seinen Zuwendungsbedarf betrifft, inzwischen recht anspruchslos wurde. Die Programmmacher haben sich anscheinend damit abgefunden, nur mehr die dudelnde Begleitmusik für allerlei Simultanaktivitäten bereitzustellen. Die Indizien mehren sich, dass auch das Fernsehen diesen Weg beschreitet. Inzwischen haben viele Sender eine „Qualität“ erreicht, die diese These durchaus rechtfertigt.

Im Dickicht der überbordenden Möglichkeiten hat aber so einiges, das auf den ersten Blick lustig und locker erscheint, eine nicht zu unterschlagende ernste und problematische Seite. Diese erkennt man nachdrücklich bei einem neugierigen Ausflug in die Arbeitswelt. Dort hat die Dynamik der Vergleichzeitigung die ehemals Sicherheit und Stabilität verleihenden Langfristperspektiven sicht- und spürbar reduziert. Immer mehr Arbeitende besitzen oder erhalten keine längerfristigen Beschäftigungsgarantien mehr. Sie bekommen kurzfristige Projektverträge, die es notwendig machen, mehrere Tätigkeiten und Projekte gleichzeitig (nicht selten sogar in unterschiedlichen Firmen) bearbeiten zu müssen, aber auch zu dürfen. Arbeitsrechtliche und tarifliche Standards und die darin festgeschriebenen sozialen Absicherungen erodieren. Sie werden zum Teil von Werk- und von Geschäftsbesorgungsverträgen abgelöst. Der traditionelle Unterschied von Haupt- und Nebenjobs wird tendenziell eliminiert. An dessen Stelle tritt eine Art „Multijobberei“, die sich häufig als nichts anderes darstellt als eine Aneinanderreihung von rasch wechselnden Gelegenheitsarbeiten. Die bissig-ironische Bemerkung jenes US-Amerikaners, der die Erfolgsmeldungen der dortigen Beschäftigungsstatistiker mit dem Hinweis karikierte, er übe von den zwei Millionen neu geschaffenen Jobs vier selbst aus, hat, so gesehen, einen hohen Realitätsbezug. Dieser US-Bürger gehört mit vielen anderen Arbeitnehmern auch außerhalb Amerikas zu den Nomaden der Arbeitswelt. Sie alle werden zu Mitgliedern eines Wanderzirkus, die gezwungen sind, beim Auspacken immer schon wieder ans Einpacken zu denken. Auch das sind die spürbaren Folgen zunehmender Vergleichzeitigungstendenzen. Aber es sind nicht unbedingt jene, die man sich erwünscht, erhofft oder ersehnt.

Die sich flächendeckend ausbreitende Dynamik von Simultanhandlungen wirft zahlreiche Fragen auf, auf die bis heute keine befriedigenden Antworten gefunden wurden: Was steckt eigentlich hinter diesem bisher nur in Einzelphänomenen sichtbaren Wandel unseres Umgangs mit der Zeit? Bricht mit den neuen Zeiten der Vergleichzeitigung wirklich ein neues Zeitalter an? Wenn dies der Fall ist – wann hat es begonnen?

Die beiden wichtigsten Fragen sind jedoch diese: Bringen uns die neuen Zeiten auch das bessere Leben, und werden wir damit glücklicher? Wer kann und darf schließlich an solchem Fortschritt teilnehmen und welche Bevölkerungsgruppen werden von ihm weitgehend ausgeschlossen? Eine erste Antwort auf diese Fragen soll durch die Schilderung und die Interpretation einer Studienreise in die deutsche Bundeshauptstadt versucht werden.

Klassenfahrt mit Handy

Der Lehrer einer berufsbildenden Schule aus Frankfurt organisiert mit 24 volljährigen Auszubildenden – angehende Kaufleute der Wohn- und Grundstückswirtschaft – eine Klassenfahrt in die Bundeshauptstadt Berlin. Er berichtet:

„Die Tage sind jeweils mit Programmpunkten vor- und nachmittags gefüllt. Es bleibt darüber hinaus ausreichend Freizeit, die intensiv und besonders nachts genutzt wird, was bei einigen zur Konsequenz hat, dass ihre Schlafenszeit noch andauert, als alle sich treffen sollen. Aber warum auf Spätaufsteher warten? Per Handy werden übernächtigte Schülerinnen und Schüler von ihren Mitschülern zu den jeweiligen Ausgangspunkten der Besichtigungen gelotst. Clever, wie die Klasse mit ihren mobilen Erreichbarkeitsmodulen diese Situation meistert. Warum soll ich mich da noch ärgern? Das Erziehungsziel „mündiger Bürger“ – handymündig – ist erreicht.

Bei unserer Stadtrundfahrt per Schiff wiederholen sich meine bisherigen Erfahrungen. Ich bin leicht säuerlich, weil diesmal zum Abfahrtszeitpunkt ein Drittel der Klasse fehlt. Das Schiff wartet nicht! Ich staune nicht schlecht, als uns nach einer halben Stunde in der Nähe des Bahnhofs Friedrichstraße vier Schüler zuwinken, dann zur Anlegestelle rennen und zusteigen. „Das ist doch super, dass wir das noch geschafft haben. Der an der Fahrkartenstelle hat gesagt, das schafft ihr nie!“ Dank Mobiltelefon wurde der aktuelle Standort des Schiffes weitergegeben. Mein Ärger wird durch die eingeforderte Bewunderung für die gelungene Organisation und den sportlichen Einsatz kompensiert. Bahnhof Friedrichstraße – Treffpunkt für den Besuch der Hackeschen Höfe. Wieder fehlen vier Schülerinnen und Schüler. Eine Schülerin reicht mir ihr Handy. Ich werde dadurch informiert, dass die vier etwas länger auf ihr Mittagessen warten müssen, aber sie werden bald nachkommen. Und schon wieder zeigt sich die Notwendigkeit eines Mobilfunktelefons“ (aus: Hess. Lehrerzeitung, Heft 9/99, 36f).

Anlässlich dieser Klassenfahrt nach Berlin scheint es zuallererst der Lehrer zu sein, der grundlegend Neues von seinen Schülern und Schülerinnen lernt. Er muss erkennen, dass jener Umgang mit Zeit, wie er ihn bisher für normal und selbstverständlich hielt, für die Schüler nicht länger gültiger Standard ist. Diese praktizieren – und zwar höchst erfolgreich – ein erheblich flexibleres Verhalten, speziell dann, wenn es um die Zeit und deren Organisation geht. Der Lehrer setzt, wie gewohnt, auf die Uhrzeit und deren erprobte Koordinationsleistungen. Von dieser Form der Selbstdisziplinierung haben sich die mitreisenden Schüler und Schülerinnen inzwischen jedoch längst verabschiedet. Sie ignorieren die Pünktlichkeitserwartung des Lehrers. Im Gegensatz zum Lehrer besitzen sie ein Mobiltelefon. Dieses stellt die Bedingungen für eine erheblich elastischere Synchronisation ihrer jeweiligen Eigenzeiten bereit. Der Lehrer hingegen missachtet mit seiner traditionellen Uhrzeigermoral die individuellen Zeiten der Schüler, die von ihren jeweiligen Umständen und Zuständen beeinflusst werden. Die Schüler beharren gegenüber dem Lehrer auf ihrer Individualität, ihrer Besonderheit und der Einzigartigkeit der jeweiligen Situation. Sie wehren sich gegen die erzieherische Zumutung, über die Zeigermoral der Uhr zeitlich organisiert und standardisiert zu werden. Dennoch halten sie an dem Vorhaben fest, ebenso wie der Lehrer, etwas Gemeinsames zu machen. Die soziale Verbindlichkeit wird akzeptiert, aber die Individualität leidet weniger darunter als früher.

Der Berufsschullehrer, der diese lernintensive Episode so selbstkritisch und anschaulich schildert, zeigte sich nach dieser Erfahrung erfreulich veränderungsbereit. Er entscheidet sich schließlich zum Kauf eines Mobiltelefons. Er hat erkannt, dass für das Betriebsprogramm des postmodernen Lebens das Zeitordnungsmittel Handy funktionaler als die Uhr ist. „Das hat die Welt nicht oft geseh'n, dass Lehrer selbst an's Lernen geh'n" – hätte Brecht bewundernd zu diesem Klassenlehrer gesagt.

Worum geht es zwischen dem Lehrer und den Schülern? Es geht um Zeit und damit auch um Macht. Wessen Zeitvorstellung setzt sich durch? Die Antwort wird durch praktisches Handeln gesucht und gefunden. Es sind die Schüler, die die erfolgreichere Zeitordnungsstrategie besitzen. Solche Auseinandersetzungen um Zeit und ihre Ordnung sind nicht neu.

Die Geschichte überliefert viele Beispiele für solche Kämpfe und Konflikte. Sie entstehen, weil es nicht nur eine einzige Zeit gibt. Grundsätzlich lassen sich zwei Zeiten unterscheiden: die Zeit der geordneten, äußeren Welt und die Zeit der Subjekte (Lebenszeit). Völker, Gesellschaften, Nationen geben sich ihre eigene Zeitordnung. In diese werden die Subjekte geboren. Die in eine solchermaßen vorab geordnete Welt Hineingeborenen besitzen immer auch ihre je eigenen Zeiten, ihre einmalige Geburtsstunde, ihre spezifische Stunde des Todes sowie die vielen sehr unterschiedlich erlebten Jahre, Monate und Tage dazwischen. Während des mehr oder weniger langen Zeit-Lebens ist der Mensch immerzu genötigt, sich permanent mit der jeweils vorgegebenen weltlichen und natürlichen Ordnung der Zeit auseinander zu setzen. Das Ergebnis sind Auseinandersetzungen um die herrschende gesellschaftliche Zeitordnung (z. B. bei Arbeitszeitregelungen) und große Anpassungsanstrengungen. Kämpfe, Streiks, ja sogar Kriege kennen wir als kollektive Ausdrücke solcher Konflikte. Die individuellen Konflikte sind erheblich vielfältiger – und nicht weniger dramatisch.

Kehren wir in diesem Zusammenhang noch einmal zu unserem Beispiel, der Berufsschulklasse bei ihrem Berlinbesuch, zurück. Die Lehrer-Schüler-Auseinandersetzung zentriert sich auf den Einfluss und die Wirksamkeit zweier Zeitordnungsmittel: Uhr gegen Handy. Dieser Konflikt ist, weit über das Beispiel hinausragend, exemplarisch für den Epochenwandel von den modernen zu den postmodernen Zeitverhältnissen. Konkret bedeutet das: Die Uhrzeitordnung findet bei den Schülern keine Akzeptanz mehr, während dem Lehrer die Zeitordnungspotentiale des Mobiltelefons (noch) weitgehend unbekannt sind. Der Klassenleiter verhält sich in dieser Situation jedoch äußerst klug: Er beobachtet das Verhalten der jungen Menschen, und er beobachtet seine Reaktion darauf und – das spricht für ihn – er entscheidet, das neue Zeitordnungsmodell des Mobiltelefons nicht zu ignorieren. Er erwirbt sogar eines dieser neuen Zeitordnungsmittel. Was er mit seiner Uhr zu machen gedenkt, verrät er nicht. Zu vermuten ist, dass er sie (noch) nicht wegwirft. Das ist auch klug, denn in Übergangszeiten werden beide Zeitordnungsinstrumente benötigt, um die Komplexität des zunehmend flexiblen Alltags bewältigen zu können. Wer bestrebt ist, den Zeitgeist nicht zu ignorieren, ist heutzutage gut beraten, am Lernfortschritt des Berufsschullehrers teilzunehmen. Man muss sich, ob man will oder nicht, in der unübersichtlichen Welt der schnurlosen Telefongeräte umsehen und sich von der erschlagenden Optionsvielfalt dabei nicht allzu sehr verwirren lassen.

Das Mobiltelefon, inzwischen handlich und weitgehend störungsfrei, hat eine beispiellose Erfolgsgeschichte hinter sich. Das so genannte „Handy“ ist in kürzester Zeit zum herausragenden Kultgerät der Postmoderne geworden. Es ermöglicht in bisher nie gekanntem Ausmaß zeitliche und räumliche Flexibilität. Es erleichtert wechselnde soziale Beziehungen, rasche Kontaktaufnahmen und ebenso schnelle Kontaktabbrüche, und es vergrößert und intensiviert die sozialen Kontrollmöglichkeiten entscheidend. Erhöhte Mobilität, verdichtete Kommunikation und erweiterte Individualität machen das Attraktivitätspotential dieses elektronischen Ersatzorgans aus.

Das Handy ist zu vielem zu verwenden, nicht nur zum Telefonieren. Es erlaubt einen mobilen Zugang zum Internet und öffnet damit den Weg zum zeit- und ortsflexiblen Konsum (E-Commerce). Es eignet sich – was Jugendliche äußerst gerne nutzen – für kurze Mails (SMS) und neuerdings auch, um Fotos zu machen und diese sogleich zu versenden. Das Handy bietet eine Fülle medialer Möglichkeiten, mit anderen Menschen in (elektronischen) Kontakt zu treten. Nur Telefon ist es eigentlich schon lange nicht mehr. Die Fülle seiner Nutzungsoptionen wird sich zukünftig noch weiter vergrößern. Dann werden es noch mehr Menschen sein, die sich die Freiheit nehmen, überall erreichbar zu sein.

Die Uhr hingegen verliert ihre hierarchisch übergeordnete Stellung bei der Zeitorganisation im Alltag und im Arbeitsleben. Ihre Normzeit kollidiert zunehmend mit den Anforderungen der Postmoderne. Aus der Biologie sind die Verläufe solcher

Veränderungsdynamiken bekannt: Die Uhr und deren Zeitordnung haben über Jahrhunderte hinweg in aggressiver Art und Weise aus einer ehemals vormodernen Lebenswelt eine moderne gemacht. Heute nun geht die Uhr selbst den Weg ihres Wirtskörpers. Ihr Zeitordnungsprinzip wird „hohl" und deshalb von einem anderen, das sich erfolgreicher zeigt, an den Rand gedrängt. Die soziale Evolution verläuft – zumindest in diesem Falle – nicht viel anders als die biologische. Dies wusste auch Ortega y Gasset:

„Wenn eine menschliche Wirklichkeit ihre Geschichte erfüllt hat, gescheitert und ertrunken ist, spülen die Wellen sie an die Küste der Rhetorik, wo sie als Leichnam noch lange weiter existiert. Die Rhetorik ist der Friedhof der menschlichen Wirklichkeiten, bestenfalls ihr Altersasyl. Länger als die Wirklichkeit lebt ihr Name, der, wenn auch nur Wort, am Ende eben doch Wort ist und immer etwas von seiner magischen Kraft bewahrt" (1983, 141).

Auch wenn die Uhr ihre Zukunft heute hinter sich hat, so wird sie nicht verschwinden. Ihr Schicksal wird wahrscheinlich dem des Pferdes ähneln. Dieses war über Jahrtausende hinweg das wichtigste menschliche Transportmittel und es ist trotzdem nicht ausgestorben, obgleich es seit fast 200 Jahren bessere und schnellere Techniken und Technologien gibt. Es überlebt als Sportgerät und auch als beliebtes Mittel, sich naturnah zu bewegen. Genauso wie das Pferd wird die Uhr zum Luxusgegenstand. Sie verliert aber – auch das hat sie mit den Vierbeinern gemeinsam – den Status als eine „Notwendigkeit des Alltags".

Die Uhr schlägt.
Alle.
(S. J. LEC)

3. Die vermessene Zeit

Alle Völker dieser Welt ordnen die Zeit. Die weitaus längste Zeit ihrer Existenz benötigten sie dazu keine Instrumente und keine Erklärungen. Der Augenschein genügte ihnen. Er organisierte ihre Lebenspraxis: Sonnenauf- und Sonnenuntergang, das beobachtbare „Wachsen" und „Schrumpfen" des Mondes und der wiederkehrende Wechsel der Jahreszeiten ordneten die damals räumlich kleine Welt des Alltags. Tag, Monat, Jahr waren für alle Gesellschaften die maßgebenden verhaltensbestimmenden Zeiteinheiten. Die Geschichte kennt keine Volksgemeinschaft, die es nicht vermocht hätte, ihre zeitliche Ordnung an Veränderungen im Hinblick auf den Stand der Sonne oder den des zu- bzw. abnehmenden Mondes zu organisieren.

In sozialen Gemeinschaften mit einer bereits entwickelten Schriftkultur tauchten erstmalig Ordnungsinstrumente in Form von Kalendern auf. Deren Funktion beschränkte sich weitgehend auf die Teilung des Jahres, der Monate und seit etwa 5000 Jahren auch der Woche. Erst erheblich später wurde begonnen, auch in den Tag Ordnung zu bringen – mit Hilfe der Uhr. Vernachlässigt man vereinzelte Vorläufersysteme, dann organisieren wir – das „wir" umfasst in diesem Falle die Regionen Süd- und Mitteleuropas – erst seit jenen Zeiten den Tagesablauf mit der Uhr, die als die „Modernen Zeiten" gelten. Seit etwa 500 Jahren ordnet die Uhr mittlerweile das Wirtschafts- und das

Alltagsleben. Sie prägt das individuelle Verhalten ebenso grundlegend und umfassend wie das soziale. Kein anderes Ordnungsinstrument ist so erfolgreich, zumindest in Europa.

Uhren galten von Beginn ihrer Entwicklung an als etwas Wichtiges, Wertvolles und Attraktives. Dies jedoch nicht ausschließlich aufgrund ihrer mechanischen Fähigkeiten, die Vergänglichkeit des Tages mittels präziser, abstrakter Maßeinheiten zu klassifizieren. Sie besaßen immer auch eine unerklärliche „dunkle" Anziehungskraft. Das macht Uhren auch heute noch zu einem begehrten und begehrenswerten Gegenstand – so auch für Transaktionen, die sich jenseits des rechtlich Erlaubten abspielen. Roberto Casati schildert an einer Episode aus der römischen Zeit die Attraktivität von Uhren, die jenseits ihrer Zeitbestimmungsfunktion zu suchen und zu finden ist:

„Marcus Varro vermerkt, dass die erste öffentliche Sonnenuhr aus Sizilien (nach Rom) kam und während des ersten Punischen Krieges, nachdem Catania in Sizilien vom Konsul Manlius Valerius Messala … im römischen Jahr 491 (264 v. Chr.) erobert worden war, auf einer Säule der Rostra (die Rednertribünen im Forum) aufgestellt wurde. Die Striche an der Uhr stimmten nicht mit den Stunden überein, und dennoch hielt sich das Volk neunundneunzig Jahre daran! Bis Quintus Marcus Philippus, Zensor mit Lucius Paulus, daneben eine Sonnenuhr aufstellen ließ, die exakter konstruiert war, und unter allen Werken des Zensors wurde dieses am meisten geschätzt.

Was haben die Sonnenuhrdiebe falsch gemacht? Weil die Erde eine Kugel ist und die Gestirne unterschiedlich hoch über dem Horizont stehen, sind Sonnenuhren auf eine ganz bestimmte Breite geeicht; werden sie weiter nach Norden oder nach Süden transportiert, stimmen die Stundenlinien auf dem Zifferblatt nicht mehr mit der Tageszeit überein. Eine Sonnenuhr zu stehlen ist also ziemlich dumm, sofern man sie nicht auf demselben Breitengrad einsetzen will, für den sie konstruiert ist. Rom liegt jedoch nördlich von Catania" (Casati 2001, 124).

Dumm sind jedoch nur solche Diebe, die mit der auf einen bestimmten Ort hin geeichten Sonnenuhr an einem weit entfernten anderen Punkt vorhaben, die lokale Zeit präzise zu bestimmen. Wer aber mit einer gestohlenen Uhr den Machtanspruch über die Zeit und deren Ordnung zu demonstrieren vorhat, ist überhaupt nicht dumm. Neunundneunzig Jahre Folgsamkeit gegenüber einer Zeitordnung, die man mit Hilfe eines geraubten, zur genauen Zeitbestimmung letztlich unbrauchbaren Gegenstandes der Stadtbevölkerung Roms aufzwang, das zeigt sehr deutlich und demonstrativ den engen Zusammenhang von Macht, Zeitordnung und Zeitmessgerät.

Für die heute lebenden zeitbewussten Uhrzeitfetischisten gibt es jedoch keinen Grund, sich über die Römer lustig zu machen. Heute richtet sich ebenso eine Mehrheit, und das ganz offiziell, in ihrem Zeitverhalten nicht an der wahren, der richtigen Ortszeit aus. Durch unterschiedliche Konventionen geregelt, werden die lokalen Zeiten im Alltag weitgehend ignoriert. Das weltliche Zeitleben richtet nach der Ortszeit von Greenwich und der rechnerisch darauf ausgerichteten jeweiligen Standardzeit aus. Diese ist für die Bevölkerungsmehrheit nicht identisch mit der jeweils korrekten Ortszeit. Die mitteleuropäische Zeit entspricht beispielsweise der wahren Ortszeit von Görlitz an der Neiße. Die Frankfurter, die Münchner, die Kölner und die Hamburger, und alle, die sich dazwischen bewegen, haben andere Ortszeiten, und doch organisieren sie sich zeitlich so, als lebten sie in Görlitz.

Vor Einführung der Standardzeit, um 1882 etwa, betrug die Zeitdifferenz zwischen Köln und dem damals deutschen Königsberg mehr als eine Stunde. Erheblich extremer geht es noch heute in China zu. China liegt nämlich geographisch gesehen im Bereich von fünf Zeitzonen, organisiert aber das ganze Land nach der Ortszeit von Peking. Dies führt dazu, dass im Westen der Volksrepublik die Sonne drei Stunden später untergeht als in der Hauptstadt, es aber an beiden Orten gleich früh bzw. spät ist.

Cildo Meireles: Fontes, Detail 1992

Der Stolz, mit dem wir die Genauigkeit der Uhren immer wieder zu loben bereit sind, beruht demnach auf einer stabil etablierten Massenfiktion. Diese ist äußerst wirksam und hilft entscheidend, die Komplexität des Zeitlichen, das heißt: des Vergänglichen zu bewältigen. Trotzdem sollte man die Paradoxie, die diese wichtige Organisationsleistung erst möglich gemacht hat, nicht völlig ignorieren. Es handelt sich hierbei nämlich um den verwirrenden Sachverhalt, dass die Zeiteinheiten nur deshalb mit hoher Präzision gemessen und organisiert werden können, weil sie nicht präzise mit der Realität übereinstimmen.

Das aber ist nicht das einzig Widersprüchliche an der Uhrzeit und ihrer spezifischen Ordnung. Für den Zeitpunkt des ersten Auftretens der Uhr, die ja inzwischen im Nano-Sekunden-Zeitalter angekommen ist, lässt sich nur ein äußerst unpräziser

Zeitraum angeben. Mehrheitlich datiert man dieses Ereignis heute auf das letzte Drittel des 13. Jahrhunderts. Genaueres über die Datenlage der Entstehung der ersten mechanischen Uhr weiß man jedoch nicht. In dieser Hinsicht zumindest ist die Uhr ein Gegenstand des Ungefähren. Vielleicht ist dies ja auch der Grund für die Jahrhunderte dauernden auffällig großen Anstrengungen, sie so präzise zu machen wie kein vergleichbares Instrument.

Ordnung muss sein – aber welche? Unsere Zeit, so die zu Beginn formulierte These, ist eine des Übergangs. Sie wandelt sich von einer Ordnung, die gesetzt wird und langfristig gilt, zu einer, die sich in der Dynamik und mit ihr entwickelt. Der französische Philosoph M. Serres (2001) beschreibt diesen derzeitig sicht- und spürbaren Wandel:

„Sie geht von der deklarativen Ordnung, die seit zweitausend Jahren bis vor kurzem als Erkenntnisgarant, als Tempel der objektiven wie auch der subjektiven Vernunft galt, über zur prozeduralen Ordnung, die wir zwar ebenso lange kennen, die aber plötzlich zum Hauptmodell der objektiven, pädagogischen und kollektiven Organisation von Erkenntnis geworden ist."

Diese Veränderung der Ordnung trifft nicht nur, wie Serres das beschreibt, auf das Wissenschaftssystem zu, auch unsere traditionellen Vorstellungen des Denkens und Handelns werden brüchig. Friedrich Nietzsche diagnostizierte solches bereits vor 100 Jahren: „Unsere Zeit macht den Eindruck eines Interim-Zustandes; die alten Weltbetrachtungen, die alten Culturen sind noch theilweise vorhanden, die neuen noch nicht sicher und gewohnheitsmäßig und daher ohne Geschlossenheit und Consequenz."

Im 20. Jahrhundert wurde dieser von Nietzsche charakterisierte Prozess der Veränderung zweifach entscheidend durch Weltkriege abgebremst. Die zu Beginn des 20. Jahrhunderts in Fahrt gekommene Modernisierungsdynamik wurde durch Zerstörungs- und daran anschließende Wiederaufbauphasen in gewaltsamer

Art und Weise blockiert. So ist es auch erklärbar, dass die bereits relativ früh diagnostizierten Krisensymptome der Moderne, die neben Nietzsche auch von Thomas Mann, Robert Musil und James Joyce in literarischer Form thematisiert wurden, erst in den späten Jahren des 20. Jahrhunderts ihre entscheidende und umfassende Dynamisierung erfuhren. Wer Aufschluss über die heutigen Veränderungsprozesse der Zeiterfahrung in der Literatur sucht, findet diese daher häufiger in Werken, die zu Beginn des 20. Jahrhunderts geschrieben, als in jenen, die 50 Jahre später verfasst wurden.

Nach mehr als 500 Jahren sind wir nun am Ende der Phase der „Veruhrzeitlichung" angekommen. Bis in die zweite Hälfte des 20. Jahrhunderts hinein hatte die Uhr das unumstrittene Monopol bei der zeitlichen Organisation des gesellschaftlichen Geschehens. Auf der von der Uhrzeit geprägten zeitlichen Folgebereitschaft der Bevölkerung gründete und gründet in breitem Maße heute noch die Überlegenheit (west-)europäischer und nordamerikanischer Formen des Wirtschaftens gegenüber anderen Volkswirtschaften dieser Welt. Es waren vornehmlich die Uhr und die Zeit, die das gegenüber anderen Zeitkulturen nicht allzu tolerante Selbstverständnis der westlichen Lebensform geprägt haben. Die abstrakte Zeit der Uhr bildete das monopolistische Ordnungsprinzip, das sich als so erfolgreich erwiesen hat, dass schließlich vergessen wurde, dass die Uhrzeit-Ordnung nicht etwas Naturgegebenes ist, sondern „nur" eine real gewordene menschliche Vorstellung, die auch ganz anders hätte aussehen können.

An Alternativen zur Uhrzeit-Ordnung waren die industrialisierten Menschen kaum mehr interessiert. Sie hatten vor lauter Eifer und Anstrengung, die Zeit immer und überall an der Uhr abzulesen, schließlich vergessen, dass sie dort auch irgendwie hineingekommen sein muss. Es lohnt sich auch nicht, nach einer Person zu suchen, die die Zeit in der Uhr einstmals versteckt hat. Ein solches Lebewesen existiert nicht. Vergeblich ist es auch, nach einer politischen Instanz Ausschau zu halten, die ehemals entschieden hätte, dass es von nun an die Uhr sein würde, an der sich die Menschen zeitlich auszurichten hätten. Dohrn van Rossum, der in seiner lehrreichen Studie über „Die Geschichte der Stunde“ (1992) eine große Zahl von Dokumenten zu den Anfängen der Uhrzeitgeschichte aufgespürt und ausgewertet hat, kommt daher zu dem Schluss, dass der Wandel der Zeitordnung am Ende des Mittelalters „ein weitgehend anonymer Vorgang war, der mit vielen kleinen Schritten in verschiedenen voneinander unabhängigen städtischen Lebensbereichen begann“. „Uhrzeitangaben“, so van Rossum (S. 251), „waren stets Schritte zunehmender Abstraktion vom temporalen Bezugssystem des Lichttages einerseits und vom städtischen Geläut alten Typs andererseits, das vom Tageslicht (...) abhing.“

Mit der mechanischen Uhr wurden die Stunden, und zwar die gleich langen Stunden, als bestimmendes Zeitmaß eingeführt – aber nicht überall und auch nicht gleichzeitig durchgesetzt. Es handelte sich dabei vielmehr um einen längeren Weg des Übergangs hin zu einer objektiven und präzise messbaren Zeit. Überzeugend und erfolgreich war aber die Idee, das Vergehen der Zeit mit Hilfe von Zeigern in räumliche Distanzen zu übersetzen. Vereinfacht wurde hierdurch in erster Linie die Koordination gemeinsamer Aktivitäten in relativ engen Zeiträumen. Der Tag ließ sich zeitlich dichter strukturieren, als dies vorher durch Glockenzeichen möglich war.

Dennoch verlief die Verbreitung der Uhrzeitordnung nicht vollkommen reibungslos. In den Jahrhunderten, in denen sie sich langsam durchsetzte, kam es immer wieder zu Widerstand, lautem und leisem. Dieser signalisierte, dass die von der Uhr gemessene Zeit nicht alle temporalen menschlichen Ordnungsbedürfnisse zu regeln vermochte. Insbesondere galt das für das subjektive Zeitempfinden und die zeitlichen Eigenheiten regionaler und traditioneller Lebensformen. Gegen deren Standardisierung durch die Zeit der Uhr wehrten sich Individuen und soziale Gemeinschaften – nicht selten bis in die jüngste Zeit. Nicht aller Widerstand war aber so anarchistisch wie jener in Joseph Conrads Roman „Der Geheimagent", der zum Ziel hatte, durch die Sprengung des Observatoriums von Greenwich das Volk von der Uhrzeit zu befreien. Pointiert beschreibt M. Serres (2001) die Hintergründe der Zeitkämpfe:

„Mit einem Male traten physikalische an die Stelle menschlicher Gesetze. Mit einem Male ersetzte die Wissenschaft die Geschichte. Mit einem Male herrschte das universelle, deduktive, jenseits der lokalen Kopie angesiedelte Gesetz. Mit einem Male eroberte das Leere das Himmelsgewölbe (...) Die universelle Form ersetzte die lokalen Inhalte. Geometrie und Mechanik ließen die reich ornamentierten Landschaften vom Firmament verschwinden. Statt der Kulturen fand sich nun, in einer zweiten Himmelssphäre, die griechisch-neuzeitliche Vernunft über unsere Köpfe projiziert."

Mit Hilfe der Uhr hat die Menschheit versucht, die Welt überschaubarer zu machen, und aufgehört, sich als taumelndes Opfer des Vergänglichen zu verstehen. Sie hat dafür die kalte, leblose Regelmäßigkeit des Taktes an die Stelle unberechenbarer, überraschender Lebendigkeit gesetzt. Um welchen Preis?

Der Alltag war und ist bekanntermaßen von Ungleichmäßigkeiten und Unberechenbarkeiten gekennzeichnet. Dies wird vom Zeitschema der gleichmäßig voranschreitenden Uhrzeiger ignoriert. Offensichtliches Beispiel dafür ist die folgenreiche Einführung der so genannten „geraden" Stunden. Vor dieser „Zeitrevolution" dauerten die Stunden des Tages im Sommer länger als die im Winter, sie waren also „ungerade". Die gleich langen Stunden jedoch ignorieren den jahreszeitlich unterschiedlichen Sonnenauf- und Sonnenuntergang. Die enge Bindung zwischen den kosmischen Abläufen, dem Naturgeschehen, und dem subjektiven Erleben wird durch die abstrakte Zeit der geraden Stunden gestört. Diesen „unnormalen" Zustand halten wir heute für völlig normal.

Die Zeit der Uhr macht das Zeitmuster des Taktes zur individuell und sozial maßgebenden Zeiterfahrung. Sie ist jenes Muster der regelmäßigen Wiederholung, das die Variabilität nur als Störmoment kennt. Der Ablauf der Takt-Zeit ist durch ein Zahlensystem vorgegeben. Jede Minute hat sechzig Sekunden. Keine hat weniger, keine mehr. Das hat große Vorteile: Zeitabstände werden hierdurch messbar gemacht, auseinander liegende Ereignisse können mit Hilfe einer Zeitachse geordnet werden. Der Preis dieser Standardisierung besteht im Verlust der Anschaulichkeit der Zeit (die auch mit der Beschaulichkeit der Zeit etwas zu tun hat). Die Uhr-Zeit vergeht, völlig unabhängig, was geschieht. Ihre Mess- und Berechenbarkeit macht sie zu einer kalkulatorisch und physikalisch brauchbaren Größe. In der Physik kann sie daher als Variable in Funktionsgleichungen auftauchen, und von den Ökonomen lässt sie sich problemlos mit Geld verrechnen. Dort schließlich verwandelt sich die Zeit in eine Ware, die im Laufe der Geschichte zunehmend knapper wird – obgleich es doch eine Trivialität ist, dass täglich neue Zeit „nach" kommt.

Wachsende Zeitrationalität und Zeitrationalisierung prägen die Erfolgsgeschichte der Uhrzeitordnung. In gesteigerter Kontroll- und Verwaltungseffizienz, in immer präziseren Kosten- und Ertragsrechnungen und nicht zuletzt in einer immensen Beschleunigung unserer Lebensverhältnisse findet dieser Erfolg seinen offensichtlichen Ausdruck. Erst die gleichgemachte Zeit erlaubt es, vom „Zeitsparen" und „Zeitgewinnen" zu reden und dem Handeln eine darauf ausgerichtete Zielrichtung zu geben. Was dabei zielführend ist, nennen wir „Beschleunigung". Im Bereich der Güterproduktion und des Verkehrs/Transportes ist diese Beschleunigungslogik inzwischen bis an die Grenzen, und manchmal darüber hinaus, zur Realität geworden. Die Uhr ist dabei eine von ihrer lebendigen Umgebung abgetrennte Maschine. Ihre Zeitordnung ist eine maschinelle. Die Uhr hat Gott und die Natur als ehemalige Eigner der Zeit ersetzt. Dies veranlasste Diderot, unsere zeitlich gottlose Welt in folgenden Worten zu beschreiben: „Die Welt ist kein Gott mehr. Sie ist eine Maschine mit ihren Rädern, Seilen, Rollen, Federn und Gewichten." Dies ist ein früher Hinweis darauf, dass die Technik die Herrschaft über die Menschen angetreten hat. Speziell die Uhr hat sich als ein herausragendes Instrument bei dieser Entwicklung erwiesen. Was die Naturdistanz der Uhrenzeit betrifft, so lassen sich die Folgen in den Ökobilanzen und in den beunruhigenden Mitteilungen der Naturschutzverbände studieren. Die vermeintliche Unfehlbarkeit der Uhrzeit ist zu einem nicht geringen Teil auch für die herrschende Arbeitslosigkeit verantwortlich. Dies belegt die Bundesagentur für Arbeit in Nürnberg mit ihrer monatlichen Arbeitslosenstatistik, aber auch ein Bericht aus Montpellier, der bereits kurz nach der Erfindung der ersten mechanischen Uhr verfasst wurde. Dort wurde nämlich 1410 der Turmwächter wegen wiederholter Trunkenheit seines Amtes enthoben und durch eine Uhr mit Schlagwerk ersetzt.

Damit kein falscher Eindruck entsteht: Die Verbreitung der Uhrzeitordnung kann in ihrer Bedeutung für die Entwicklung der Bürokratie, der Wirtschaft und der Lebensverhältnisse kaum überschätzt werden. Zuallererst der Exaktheit der Zeit haben wir unseren heutigen (Güter-)Wohlstand zu verdanken. Dieser ist – das ist kein Geheimnis – äußerst ungleichmäßig über die verschiedenen Kulturen und Gesellschaften dieser Welt verteilt. Ohne die mechanische Uhr, ohne die regelmäßige, die messbare Zeit gäbe es nur wenig Neues, keine Innovationen, und es existierte auch kein Fortschritt. Die Uhr ist das Ergebnis moderner Vernunft und hat, wie nichts Vergleichbares, die moderne Vernunft geprägt. Sie hat die Bevölkerung umprogrammiert, vom magischen Bewusstsein zu rationalem, linearem Denken und Handeln. Die Florentiner, die als eine der ersten die Vorteile dieser neuen Zeitordnung entdeckten und nutzten, ließen sich durch die Uhr schließlich sogar zu unrealistischem Optimismus verführen: „Per ragione", mit Vernunft, meinten sie fortan alle Probleme lösen zu können. Heute wissen wir, dass das misslingt – nicht zuletzt aus mannigfacher leidvoller Erfahrung. Diese aber hat nicht dazu geführt, dass wir heute alles besser machen würden.

Am Ende des Mittelalters wurde die Zeit mit einer Maßeinheit ausgestattet, die sich in Zahlen ausdrücken ließ. Dies erleichterte das menschliche Bedürfnis, unterschiedliche Geschehnisse und verschiedene Handlungen miteinander in eine zeitliche Beziehung zu setzen. So wurde es beispielsweise möglich, das Vergehen der Zeit mit dem Wachsen des Geldvermögens in eine Relation zu bringen. Voraussetzung und Ergebnis eines solchen Denkens und Handelns waren der feste Glaube an die Gestaltbarkeit der Welt und an die Möglichkeiten, die Dynamik dieser Welt durch Berechnung auch steuern und beherrschen zu können. Eine der zweifelsohne wirksamsten Folgen dieses kalkulierenden Zeit-Denkens war die Vorstellung vom „Fortschritt". Sie ist, wie Walter Benjamin anmerkte, „von der Vorstellung ihres eine homogene und leere Zeit durchlaufenden Fortgangs nicht abzulösen" (1955, Bd. I, 502).

Ohne den großen Erfolg der Uhrzeit-Weltanschauung würde keine Industriegesellschaft existieren. Deren Fortschrittsdynamik beruht auf der kollektiven Vorstellung, die vorhandenen und die zukünftigen Problemlagen mit irdischen Mitteln bewältigen und die Geschichte zu einem Fahrplan steter Verbesserung machen zu können. Die Kulturtechniken des Messens und des Klassifizierens, die inzwischen zu den erfolgreichsten Methoden unseres Erkenntnisvermögens geworden sind, waren die dafür notwendigen Voraussetzungen. Die Zeit der Uhr gleicht in dieser Hinsicht einem Triumphbogen, durch den das moderne „Zeit ist Geld"-Denken in die Zivilisation Einzug hielt. Die kapitalistische Ökonomie ist ohne sie weder vorstellbar noch realisierbar.

Heute hat die Idee der Berechenbarkeit der Zeit in nahezu allen Lebensbereichen breite Anerkennung gefunden, zumindest in der westlichen Welt. Dafür hat nicht zuletzt auch der Königsberger Philosoph Immanuel Kant gesorgt. Für ihn sind Zeit und

Raum keine inhaltlichen Begriffe des menschlichen Denkens, sondern (apriorische) Formen unseres Denk- und Wahrnehmungsvermögens. Kant bestimmte Zeit und Raum, unabhängig von Geschichte, Gesellschaftsform und kulturellen Eigenheiten, als unhistorisch und abstrakt. Die Zeit ist für ihn von aller Qualität gelöst, eine „reine Form der Anschauung". „Verschiedene Zeiten sind nur Teile eben derselben Zeit" (Kant 1979/1781, 104).

Eine treffende Anschauung dieser Kant'schen Position liefert Kant selbst, und zwar durch die Art und Weise, wie er seinen Alltag bewältigte. Die Darstellung, die Heinrich Heine (1981, 595) überliefert, ermöglicht einen lebendigen Einblick in den nicht allzu lebendigen Tagesablauf des einflussreichen Philosophen in Königsberg:

„Ich glaube nicht, daß die große Uhr der dortigen Kathedrale leidenschaftsloser und regelmäßiger ihr äußeres Tagewerk vollbrachte wie ihr Landsmann Immanuel Kant. Aufstehen, Kaffeetrinken, Schreiben, Kollegienlesen, Essen, Spazierengehen, alles hatte seine bestimmte Zeit, und die Nachbarn wußten ganz genau, daß die Glocke halb vier sei, wenn Immanuel Kant in seinem grauen Leibrock, das spanische Röhrchen in der Hand, aus seiner Haustüre trat und nach der kleinen Lindenallee wandelte, die man seinetwegen noch jetzt den Philosophengang nennt. Achtmal spazierte er dort auf und ab, in jeder Jahreszeit, und wenn das Wetter trübe war oder die grauen Wolken einen Regen verkündigten, sah man seinen Diener, den alten Lampe, ängstlich besorgt hinter ihm drein wandeln, mit einem langen Regenschirm unter dem Arm, wie ein Bild der Vorsehung."

Kant ähnelte einem im 19. Jahrhundert sich ausbreitenden Sozialcharakter, den Robert Musil zu Beginn des 20. Jahrhundert (1978, 650) so beschreibt: „Sie lieben das ordentliche Nacheinander von Tatsachen, weil es einer Notwendigkeit gleichsieht, und fühlen sich durch den Eindruck, daß ihr Leben einen ‚Lauf' habe, irgendwie im Chaos geborgen." Eine solche Geborgenheit finden diese Menschen nicht in der Zeit, sondern in der Uhr. Deshalb auch fragen sie mit vielen anderen Menschen dieser Welt auch (seltsamerweise) nicht, wie viel Zeit, sondern wie viel Uhr es ist.

Für die meisten Menschen ist ein solch ordentliches Denken und Handeln heutzutage nichts Ungewöhnliches. Im Elternhaus, in der Schule, im Beruf wird es fast ausnahmslos allen, die in diese Gesellschaft hineinwachsen, von Kindesbeinen an beigebracht. Zuallererst durch die enge Einbettung des Alltags in mannigfaltige Zeit-Programme, ob sie nun Fahrplan, Flugplan, Fernseh- oder Radioprogramm heißen. Bewusst wird dabei nur mehr wenigen, dass sowohl das Ordnungsdenken wie auch der ausgeprägte Wille zur Kalkulation und zur Objektivität ein relativ später Einfall der Geschichte war. Die Ethnologie kann bestätigen, dass Völkern und Stämmen, die bisher nur wenig Kontakt mit der westlichen Zivilisation hatten, ebenso übrigens wie die bewunderten antiken Kulturen (die griechische etwa), unser berechnendes, kalkulatorisches Denken und Handeln fremd war und teilweise noch fremd ist. Erst seit etwas mehr als 500 Jahren, und in vielen Regionen erheblich kürzer, sind Gesellschaften zu jener Ordnungsvorstellung fähig und willens, die auf der abstrahierenden Ablösung vom Konkreten und vom Besonderen aufbaut.

Ernst von Glasersfeld beschreibt sehr anschaulich, dass es sich beim Übergang vom antiken und „primitiven" Denken zum Uhrzeitdenken um eine intellektuelle Innovation handelt, für die die Zeit erst reif sein musste:

„Jemand sprach im Schlaf, und als die Uhr vier schlug, sagte er: ‚Eins, eins, eins, eins. Diese Uhr ist verrückt. Sie hat viermal eins geschlagen.' Dieser Mensch hatte also viermal einen Schlag gezählt und nicht vier Schläge. Das heißt, er hatte nicht vier im Sinn, sondern viermal eins. Das beweist, daß zählen und mehrere Dinge gleichzeitig bedenken verschiedene Aktivitäten sind. Wenn ich also in meiner Bibliothek vier Pendeluhren hätte und sie alle schlügen gleichzeitig eins, würde ich nicht sagen, sie hätte vier geschlagen, sondern viermal eins. Dieser Unterschied ist den Dingen nicht eingeschrieben, ist nicht unabhängig von den Denkhandlungen: Er hängt vielmehr vom Bewusstsein dessen ab, der zählt. Der Intellekt ‚macht' also die Zahlen, er ‚findet' sie nicht; er betrachtet unterschiedliche Dinge als jeweils in sich unterschiedlich und als ausdrücklich vereint durch den Gedanken" (v. Glasersfeld 1996, 22).

Auch unter entwicklungspsychologischer Perspektive muss die subjektive Zeit für die Uhrzeit erst reif werden. In umfangreichen und mitunter sehr originellen Experimenten, Befragungen und Untersuchungen hat der Genfer Wissenschaftler Jean Piaget erforscht, nachgezeichnet und beschrieben, wie sich der Zeitbegriff bei Kindern entwickelt. Nicht etwa von Geburt an sind die entwicklungspsychologischen Voraussetzungen für das Uhrzeitverstehen vorhanden. Die Uhrzeit muss erlernt werden, und zwar ab jenem Zeitpunkt, von dem an die entwicklungspsychologischen Bedingungen dafür gegeben sind. Diese Forschungsergebnisse von Piaget, ebenso wie die einschlägigen Studien der Ethnologen, relativieren die Selbstverständlichkeiten des westlichen Zeitverständnisses. Sie könnten dessen Anhänger etwas bescheidener machen, wenn es darum geht, die jeweils eigenen Zeitordnungsvorstellungen gegenüber den Mitgliedern anderer Zeitkulturen zu behaupten oder durchzusetzen. Nicht unberechtigt ist der Vorwurf, die Moderne, speziell die der okzidentalen Industrieländer, sei „vermessen". Es gibt dafür gute Argumente. Die Uhr und deren Dominanz stellt eines der eindringlichsten dar.

Ein so umfassender Erfolg, wie er der Räderuhr und ihrer Zeitansage beschert war, bleibt nicht unumstritten. Die Kritik daran ist alt: Wie bei vielen anderen Erfolgen auch, legitimiert sich diese nicht zuletzt durch die spürbaren und sichtbaren so genannten „Nebenfolgen" der Uhrzeit. Der Hinweis, dass dem Glücklichen keine Stunde schlägt, wie er ja sprichwörtlich wurde, lenkt die Aufmerksamkeit auf den Sachverhalt, dass die schönen Momente des Lebens nicht in und nicht mit der Uhr gefunden werden. Die chronometrische Zeitordnung ist nicht geeignet, dem individuellen und auch nicht dem sozialen Leben einen qualitativ befriedigenden Sinn zu geben. Dagegen ist sie hervorragend dazu geeignet, dem Alltag mehr Tempo und Präzision zu verleihen. Das hat sie auch zur Genüge getan.

Wann sind Sie in das Haus eingezogen?
Einen Tag später.
So früh schon!
(KARL VALENTIN)

4. Die Zeit der Uhr läuft ab

Als Christian Wolff im ersten Drittel des 18. Jahrhunderts „Vernünftige Gedanken von Gott, der Welt und der Seele des Menschen“ (1718) veröffentlichte, hatte die Uhr den Gipfelpunkt ihrer Anbetung erreicht. Sie war zum Leitbild des Denkens und Handelns geworden. Im ursprünglichen Sinne des Wortes war sie ein „Vor-Bild“. Im § 152 seiner nach Uhrzeit-Prinzipien gegliederten Abhandlung schreibt Wolff:

„§ 152. Die Zusammenstimmung des mannigfaltigen machet die Vollkommenheit der Dinge aus. Die Vollkommenheit einer Uhr beurtheilet man daraus, daß sie die Stunden und ihre Theile richtig zeiget. Sie ist aber aus vielerley Theilen zusammengesetzet, und sowohl diese insgesammt als ihre Zusammensetzung gehen da hinaus, daß der Zeit die Stunden und ihre Theile richtig zeiget. Solchergestalt findet man in einer Uhr mannigfaltige Dinge, die alle mit einander zusammen stimmen (...) Der Wandel der Menschen bestehet aus vielen Handlungen; wenn diese alle mit einander zusammen stimmen, dergestalt, daß sie endlich alle insgesammt in einer allgemeine Absicht gegründet sind; so ist der Wandel des Menschen vollkommen.“

Wurden die Vorbilder des idealen Handelns ehemals aus der Natur und der Bibel gewonnen, so traten an deren Stelle jetzt mechanische Analogien. Johannes Kepler, der große Astronom, postulierte: „Mein Ziel ist es, zu zeigen, dass die Himmelsmaschine weniger einem göttlichen Lebewesen als einer Uhr gleicht" (zit. nach Demandt 2002, 149).

Es war die Ordnung und die Regelmäßigkeit der Zeit, die die Menschen des damaligen Europa, zuvörderst die dort Herrschenden sowie die einflussreichen Wissenschaftler, begeisterten und die sie im Hinblick auf den Weltenlauf idealisierten. Bis zum Beginn der Renaissance war es einzig Gott, der über den Lauf der Zeit bestimmte, während in den darauf folgenden Jahrhunderten eine wachsende Anzahl adliger und bürgerlicher Herrscher Gott diese einflussreiche Position streitig machten. Ihre Absicht bestand zuallererst darin, jene Gesellschaften, in denen sie Macht und Einfluss ausübten, nach dem Bild eines chronometrischen Räderwerkes zu gestalten und, in der Folge, auch das individuelle Leben der Bürger. Man zählte, mehr oder weniger gezwungen, deshalb ab dem 17. Jahrhundert sein Lebensalter. In protestantischen Gebieten führte man den Geburtstag als Festtag des Individuums ein und sprach fortan davon, dass die Uhr derer abgelaufen sei, die das Zeitliche verließen. Die Zeitmessung sowie die Datierung dessen, was sich veränderte, wurden zur verbreiteten Leidenschaft.

Die Zeit der Uhr ersetzte schließlich die Zeitvorgaben der lebendigen Welt. Das, was ehemals Schicksal war, wurde jetzt veränderbar. Seit der Epoche der Aufklärung erkannte man die ideale Ordnungsgestalt nicht mehr im göttlichem Tun und auch nicht mehr in der gottgeschaffenen Natur. Man suchte und fand sie in und beim Faszinosum „Uhr". „Die Uhr verkörperte, was die Wirklichkeit nicht enthielt: Sie war Demonstration einer zentral organisierten, unabänderlich funktionierenden rationalen Ordnung (...) die Harmonie der Welt wurde erklärt durch die Gesetzlichkeit der Uhr." Mit diesen Worten beschreiben Maurice und Mayer in der Einleitung ihres Ausstellungskataloges „Die Welt als Uhr" (1980) den Uhren-Mythos zu Beginn des 17. Jahrhunderts. Mannigfaltige Uhren-Gleichnisse waren damals im Umlauf. Sie fanden in der politischen Argumentation ebenso

Verwendung wie in den biologischen, den pädagogischen und den theologischen Diskursen. Körpermodelle, die in der Maschine ihr Vorbild sahen, kann man bei Hobbes, bei Voltaire und sogar bei Schiller entdecken, insbesondere in dessen Hymnus an die Freude. Beeinflusst waren diese zuallererst von einem Denken, dem der französische Philosoph Descartes seinen Glanz verlieh. Dieser provozierte teilweise erfolgreich mit der These, dass das Zeitordnungsmuster der Uhr nicht weniger natürlich sei als das eines Baumes. Ein problematischer Vergleich, den sich dennoch einflussreiche Personen der damaligen Zeit zu Nutze machten. Häufig fanden Uhrenmetaphern und Uhrengleichnisse auch dort Verwendung, wo es um den Aufbau, die Absicherung und die Legitimation machtvoller Autorität ging. Mit Vorliebe gebrauchte man prachtvolle Uhren, um Ansehen und Prestige zu steigern und die Zeitherrschaft über andere Menschen zu rechtfertigen.

Als Vor-Bild wirkte jedoch primär nicht das Instrument „Uhr", sondern dessen rationale Zeit-Ordnung. Diese war es, die die Uhr schließlich in ein „metaphysisches Ornat gekleidet" hat und die Uhrzeitordnung zu einer Art „Gottesprogramm" (Burckhardt) machte. Das leere Gefäß Zeit wurde von den Personen mit Inhalten gefüllt, die Herrschaft ausübten. Nicht mehr länger wurde die Zeit und deren Organisation mit den Abläufen der Natur und des Kosmos koordiniert, sondern an dem abstrakten Inhalt „Geld" festgemacht. Die Zeit-ist-Geld-Ordnung entwickelte sich zur Richtschnur für die Gestaltung des Lebens, zuallererst jenes, das auf Arbeit hin ausgerichtet war. Die Zeit wurde, was sie vorher nie war: wertvoll. Sie wurde wertvoll gemacht.

Der mechanisch gesteuerte „wohl-regulierte Gang", wie ihn die Uhrzeiger symbolisieren, entwickelte sich im 17./18. Jahrhundert zum Ideal der harmonischen Form. Er gab schließlich auch das Vorbild für den Lebensablauf der Individuen ab. Die zunehmend kleinteiligere chronometrische Zeitordnung fand ihre Korrespondenz in den Regeln des sozialen und individuellen

Verhaltens. So entwickelte man beispielsweise im 18. Jahrhundert höchst differenzierte Regeln für den trivialen Sachverhalt des Hut-Aufsetzens, des Grüßens und des gesitteten Spaziergangs. Die Mikrophysik der Macht und ihrer zeitlichen Ordnung eroberte den Alltag. Sie eskalierte schließlich im militärischen und pädagogischen Drill. Die Uhr wurde zum wichtigsten Instrument der Fremd- und Selbstkontrolle. Ihr Prinzip der mechanischen Gliederung dominierte die Verhaltensmaximen im sozialen Verkehr.

Diese außerordentliche Karriere des Vorbildes „Uhr" hat ihren Zenit vor längerer Zeit überschritten – nicht zuletzt auch durch die Relativitätstheorie, die mit der Vorstellung einer kontinuierlichen, gleichmäßig fließenden Zeit Schluss gemacht hat. Zwar findet die Idee, die Welt mittels technischer Errungenschaften zu ordnen und beherrschbar zu machen, auch heute noch viele Anhänger, aber speziell die von der Uhr repräsentierte Ordnungsvorstellung wird von einer zunehmend größer werdenden Zahl von Menschen als zu „autoritär" und zu einengend abgelehnt. Das, was wir heutzutage als „Individualität" und als individuelle „Freiheit" verstanden wissen wollen, wird durch die Uhrzeitordnung nur mehr unzureichend repräsentiert. Jene, die ihr Verhalten noch heute an der Symbolkraft der Uhr ausrichten, setzen sich dem Vorwurf aus, sie gingen nicht mit der Zeit. Es mehren sich die Stimmen, die der Uhrzeitordnung die lange Zeit unumstrittene Verallgemeinerungsfähigkeit für eine geregelte Vernünftigkeit absprechen. Insbesondere gilt dies für jene einflussreichen Kräfte, die im Leben und bei ihrer Arbeit weniger auf Fleiß und mehr auf den Erfolg setzen, die statt Pünktlichkeit Flexibilität und Beweglichkeit verlangen. Mit den Zeiten scheint sich auch die Zeitordnung zu ändern, und dort, wo sich die Zeitordnung ändert, sind neue Zeiten zu erwarten.

Bei der ordentlichen Zeit, die die Uhr anzeigt, handelt es sich um eine kulturspezifische Konvention. Es bedarf keiner aufwendigen Recherchen, und man benötigt auch nicht die Intelligenz

Foto: M. Hartmann

Der Untergang der Uhr

eines Einstein, um von der Relativität der Zeitordnungen überzeugt zu werden. Das zeigt zum Beispiel die Begegnung mit Menschen aus anderen Kulturen, die ihr Alltagsleben nach uns ungewohnten Zeitordnungen gestalten. Auch innerhalb des eigenen Landes existieren beim Umgang mit der Zeit große Unterschiede: Kinder, insbesondere wenn sie noch nicht durch die staatliche Schulpflicht gezwungen sind, ihre spontanen Zeitbedürfnisse zu unterdrücken, aber auch ältere Menschen, deren Lebensunterhalt finanziell weitgehend abgesichert ist, leben zuweilen jenseits der Uhrzeitordnung. Nicht selten genießen sie das auch.

Es gab Gesellschaften, soziale Gemeinschaften und Individuen – und es gibt sie vereinzelt immer noch –, die die Ordnung der Zeit nicht in der Uhr suchen. Die einen finden sie in alternativen Zeitmessern, wie etwa Carl von Linné, der 1751 eine Blumen-Uhr mit Blumen-Stunden entwarf und dabei die mechanische Zeit-Ordnung nur scheinbar überwand, da er sie damit auch noch der Natur aufdrängte. Man hört von Menschen, die ihre Uhren wegwerfen, sie vergessen oder diese nicht funktionsfähig halten. Sie alle leben, trotz aller gegenteiliger Vorurteile, auch in und mit der Zeit. Einige davon, ohne je über sie zu sprechen oder auf der Idee zu verfallen, diese zu organisieren. Inzwischen jedoch ist der größte Teil der Bewohner dieser Welt der Meinung, Zeit sei das, was die Uhr anzeigt, und sie sei darüber hinaus ein knappes Gut. In einer globalisierten Umgebung wird es immer weniger Menschen erlaubt, den westlichen Denkfiguren von Zeit und Ordnung Widerstand entgegenzusetzen. Das macht die Welt nicht unbedingt bunter und – wie es aussieht – auch nicht attraktiver.

Die kulturellen Kollateral-Schäden, die problematischen Nebenfolgen, die dieser Uhrzeit-Export in die bisher von den Zeiten der Natur dominierten Regionen dieser Welt mit sich brachte, sind seit längerem nicht mehr zu übersehen. Nicht selten waren die Zerstörung traditioneller Kulturen und Lebensgemeinschaften die Folge. Die Rationalität der chronometrischen Zeitlogik ist dort, wo sie alle nicht berechenbaren Zeiten ignoriert, ins Irrationale umgeschlagen und hat sich vielfach gegen die Subjekte gerichtet. All zu häufig hat sie den Menschen die Verfügung über den Augenblick geraubt, hat ihre dienende Funktion verloren und sich in eine Fessel verwandelt.

Dieser „Leerlauf in höchster Präzision“ (Demandt) hat Opfer gekostet. Wir wissen heute, dass die Uhr niemanden vom Zeitlichen erlöst, sondern tiefer in dieses hineinführt. Das Leben, die subjektive Zeit, hat in jedem Fall ein unabwendbares Ende. Dort, an diesem Ende, ist die Zeit für das betroffene Subjekt nie so leer wie die Uhrzeit, sondern voller Angst und Traurigkeit. Zeit hat daher immer auch eine Qualität.

Die Uhr und deren Zeitordnung sind dem Geist des Zentralismus geschuldet. Das ist auch der Grund, weshalb der Chronometer und seine Zeitanzeige mit dem Verlust des zentralistischen Denkens und Handelns an sozialer Durchsetzungskraft verliert. Noch vor wenigen Jahrhunderten dienten die öffentlichen Uhren als ein geeignetes Mittel, um territoriale Herrschaftsansprüche gegenüber Untertanen und Machtrivalen abzusichern. Doch galt die Koordinationsfunktion der standardisierten Uhrzeit nur für eine begrenzte Region, eben nur für jene Landstriche, die sich als räumliche und politische Einheiten definierten. Die monumentalen und weit sichtbaren öffentlichen Uhren an Kirchtürmen, an Rathäusern, später dann auch an Bahnhöfen, schufen einen kollektiven festen Zeitrahmen, der für die zeitliche Standardisierung der Bevölkerung genutzt wurde. Für die Bewohner angrenzender Staatsgebilde galten abweichende Zeitstandards. So unterschieden sich bis weit in das 19. Jahrhundert hinein die Uhrzeiten von Karlsruhe, Stuttgart, München, Innsbruck und Zürich. Die damalige „Kleinstaaterei“ führte, verursacht durch die Zeitordnung der Uhr, zuweilen zu relativ „unordentlichen“ Zuständen. So stießen zum Beispiel am Bodensee fünf verschiedene Staatsgebiete mit fünf verschiedenen Zeiten aufeinander. Wenn die Uhren im österreichischen Bregenz den Mittag anzeigten, war es in Romanshorn am Schweizer Ufer 11:32 Uhr. Zum gleichen Zeitpunkt zeigte im bayerischen Lindau die Uhr auf 11:49, im württembergischen Friedrichshafen auf 11:39 und im badischen Konstanz auf 11:36 (vgl. Gleber 2002, 37). Viele jener Passagiere, die in der zweiten Hälfte des 19. Jahrhunderts die Bahn zu einer Rundfahrt um den Bodensee benutzten und die sich den Besitz einer Taschenuhr leisten konnten, durften die lästige Prozedur mehrmaliger kurzfristiger Uhrzeitkorrektur persönlich erfahren. Sie erlebten, wie Herrschaft über die Subjekte durch Gegenstände und bürokratische Ordnungsvorstellungen ausgeübt wird.

Durch die Erweiterung der Produktion und durch den Anstieg der Nachfrage nach billigen Taschenuhren im Laufe des 19. Jahrhunderts wurde ein wichtiger Schritt in Richtung individueller Zeitverantwortung unternommen. Das uhrenbesitzende Subjekt zeigte sich von da an als zeitlich steuerungsfähig. Die dabei gewonnene Zeitsouveränität hielt sich jedoch in engen Grenzen. Sie betraf einzig die Verfügung über das Instrument „Uhr", nicht jedoch über deren Zeitordnung. Dieser Individualisierungsschub der Zeit hatte einen ökonomischen Grund. Die Organisationsform der industriellen Massenfertigung machte nämlich eine umfassende Zeitkoordination und Zeitsynchronisation notwendig. Konkret: Arbeiter und Arbeiterinnen, Zulieferer und auch Kunden mussten pünktlich werden. Die Zeitkontrolle wurde zum Leistungsbewertungs- und zum Disziplinierungsinstrument. Diese bedeutete immer auch zeitliche Selbstdisziplinierung. Die Arbeitenden selbst hatten dafür Sorge zu tragen, dass ein pünktlicher Arbeitsanfang möglich war. Neben einer großen Zahl öffentlicher Uhren waren es insbesondere die billiger gewordenen Taschenuhren, die dafür die notwendigen infrastrukturellen Bedingungen schufen. Innerhalb der Fabrik jedoch wurde diese zeitliche „Teilsouveränität" wieder eingeschränkt. Taschenuhren mussten noch für lange Zeit am Werktor abgegeben werden, um das Monopol des betriebseigenen Zeitmessgerätes sicherzustellen.

Als schließlich zu Beginn des 20. Jahrhundert die Rationalisierungsanstrengungen weiter vorangetrieben wurden, wurden die planerisch und kalkulatorisch erfassten Zeiteinheiten zunehmend kleiner und enger. Mit ausschließlich zentralistisch gesteuerter Zeitdisziplin ließen sich die angestrebten Rationalisierungsgewinne jedoch nicht mehr überall erschließen. Die Arbeitenden sollten jetzt, bei hochregulierten Vorgaben, selbst dafür sorgen. Diesem „Fortschritt" hat dann die Armbanduhr ihre Blitzkarriere zu verdanken. Sie wird schließlich zu einer körpernahen „Fessel". Der rasche Blick auf sie wird zum sichtbaren Symbol der Rationalisierung. Die Armbanduhr macht den Griff in die Tasche überflüssig und rationalisiert die zeitliche Fremd- und Selbstkontrolle. So hat die Moderne des 19. und des 20. Jahrhunderts auch über die Gestalt der Uhren einen Individualisierungszwang in Gang gesetzt. Dieser ging mit einer systematischen Umstellung von Fremdzwang auf Selbstzwang einher (vgl. Elias 1984).

Die ehemals mit viel Druck und autoritärer Disziplinierung verbundenen zeitlichen Umerziehungsprozesse sind in neuer Zeit von eher indirekt gesteuerten Selbsterziehungsanstrengungen abgelöst worden. So hat der Wecker die Stelle der Fabriksirene eingenommen. Das, was ältere Generationen als Denk- und Handlungszwang erlebten, mutiert zu einer selbstverständlichen Sachnotwendigkeit. Die Uhrengeschenke, die ehemals bei biographisch hervorgehobenen Anlässen beliebt waren (Einschulung, Konfirmation, Kommunion) und dazu dienten, die nachwachsende Generation an die Uhrzeitordnung anzupassen, geht heute zu Ende. Inzwischen konkurrieren Mobil-Telefone als Präsente aufs heftigste mit dieser Tradition.

Die Uhr und deren Zeit wurden nicht mit dem Ziel entwickelt, mehr Handlungsfreiheit in die Welt zu bringen. Dies belegt nicht zuletzt auch das Umfeld, in dem sie erfunden wurde. Sie entstand nämlich im Kloster, einem jener Orte, die der amerikanische Soziologe Goffman zu den „totalen Institutionen" rechnet.

Die dort waltende exakte Ordnung des ritualisierten Wechsels von Arbeit und Gebet sowie die Kontrolldichte der Zeitabläufe und die relative Uniformität des dort tolerierten Verhaltens spiegeln jenen Geist, der zur Entwicklung der mechanischen Uhr führte. Bis heute steckt dieser noch in ihr. Nicht zuletzt zeugt der anhaltende Widerstand gegenüber den Anpassungsnötigungen an eine mechanische, natur- und subjektferne Zeitordnung von diesem Standardisierungszwang. Kompensiert wurde diese Zumutung, zumindest für die Bevölkerung der industrialisierten Länder, in erster Linie mit wachsendem Einkommens- und Güterwohlstand. Die Ängste um den Erhalt dieses materiellen Wohlstandniveaus sowie der Wunsch, dieses weiter auszubauen, verhindern auch heute noch vielfach die Sicht auf die problematische Seite der monopolistischen Uhrzeitordnung. Zu Beginn dieses 21. Jahrhunderts lassen sich diese jedoch nur mehr durch einen großen Verdrängungsaufwand leugnen. In mehrfacher Hinsicht muss heute die Frage gestellt werden, ob die Zeit der Uhr für die gegenwärtigen Fortschrittserwartungen noch weiterhin ein erfolgversprechendes Zeitmuster ist. Wer heutzutage in Gefahr gerät, kann nämlich nicht mehr damit rechnen – wie dies Harold Lloyd zu Stummfilmzeiten noch gelang – an den Zeigern der Uhr seinen lebensrettenden Halt zu finden.

Was nun sind die Gründe dafür, dass der Einfluss der Uhr und Zeit zurückgeht? Die kurze Antwort: Das taktförmige Zeitmuster sowie die daran orientierten Formen des alltäglichen Handelns und Denkens haben ihre ehemaligen Problemlösungskapazitäten heutzutage weitgehend erschöpft. Die quantifizierende Vernunft, die von den Menschen in die Uhr hineingesteckt wurde, hat ihre (ehemals wirksamen) befreienden Potentiale verloren. „Nachdem die linearen Möglichkeiten bis zur Unendlichkeit ausgeschöpft sind, nachdem wir immer mehr und mehr Zeit gewonnen haben und der Zeit vorausgeeilt sind, sie in alle Richtungen beschleunigt haben, haben wir, wie beim Raum, die Grenzen einer Art zeitlichen Globus erreicht, wir haben ihn in allen Richtungen, in denen es menschenmöglich war, durch ein maßloses Vorgreifen erforscht, und nun sind wir genau an diesem Punkt, am gleichen Punkt angelangt wie beim Raum" (Baudrillard 2003, 121).

Das Uhrzeitmonopol erforderte einen Preis, der sich zunehmend als problematisch herausstellt. Er besteht zuallererst in der individuellen und sozialen Entfremdung von jenen Lebensformen, die sich nicht vertakten und nicht quantifizieren lassen. Von der sehr speziellen Vernunft der Uhr wurde zu viel erwartet. Bei ihrer Durchsetzung ging die in den antiken Hochkulturen gepflegte Erkenntnis verloren, dass es vernünftig ist, nicht alles von der Vernunft zu erwarten. Zwar gelang es durch die Verbreitung der Uhrzeitrationalität, die Menschheit und deren Aktivitäten vernünftiger zu machen, aber nur um den Preis der Einseitigkeit. Es war die Vernunft des „Eins-nach-dem-anderen", die des Messens und Kalkulierens, die schließlich die Zeit-Herrschaft übernahm. Eine Episode, die derzeit bei Unternehmensberatern kursiert, illustriert treffend die Einschränkung, die daraus hervorgegangen ist. Ein Uhrmacher erklärt dem Teufel die Uhr und wie er die Hölle möglichst höllisch danach zu organisieren hat. Der Teufel schüttelt den Kopf über dieses Angebot, lacht und reagiert: „Aber, lieber Herr Uhrmacher, die Uhr – das ist die Hölle."

Was genau ruft so viel Unbehagen an der Uhrzeit hervor? An vorderster Stelle ist dies die Erfahrung, dass Zeit nicht nur aktiv gestaltet werden kann, sondern auch erlitten werden muss. Das chronometrische Monopol leugnet letztlich den biblischen Hinweis, dass alles seine Zeit hat und auch alles seine Zeit braucht. Es setzt an dessen Stelle die Hybris, alles, auch das Lebendige, nach dem Takt der Uhrzeitordnung organisieren zu wollen und zu können. Dies aber treibt schließlich den lebendigen Zeiten das Leben aus. Die Uhrzeit integriert das Zeitliche nicht ins menschliche Handeln, sie dominiert es. Mephisto und Faust stimmen daher in ihrer Kritik an diesem chronometrischen Modell der Weltgestaltung überein:

„Und das verfluchte Bim-Baum-Bimmel,
Umnebelnd heitern Abendhimmel,
Mischt sich in jegliches Begebnis,
Vom ersten Bad bis zum Begräbnis."
(III, 339)

Es sieht ganz so aus, als hätte diese Bim-Baum-Bimmel-Epoche heute ausgeläutet. Und dies nicht nur, weil das Bundesverwaltungsgericht in Berlin am 30. April 1992 entschied, den nächtlichen Stundenschlag von Kirchturmuhren für grenzwertig zu halten: Nur allerhöchstens 60 Dezibel, so das Gericht, sind heutzutage noch akzeptabel. Zumindest die Zeit der Nacht, so lässt sich behaupten, ist seitdem „Takt-los" geworden. Aber nicht nur Menschen, die an Schlafschwierigkeiten leiden, begrüßen diese hochsymbolische juristische Entscheidung. Dies macht auch eine wachsende Zahl jener Personen, die an weiterem Wirtschaftswachstum interessiert ist. Insbesondere von Vertretern der New Economy kann man erfahren, dass sie die Produktivkräfte der Wirtschaft nicht mehr bei den linearen Denk- und Handlungslogiken des „Eins-nach-dem-anderen" suchen und finden. Von der Akzeptanz des „Sowohl-als-auch" sowie von der Gleichzeitigkeit des Unterschiedlichen versprechen sie sich in der Zukunft größere Wachstumsimpulse. „Das Kapital", so Botho Strauß (2000, 175), „kommt allemal mit dem Chaos besser zurecht als mit strenger Ordnung." Bei den Protagonisten der Internetökonomie rennt er mit dieser Diagnose offene Türen ein.

Die Entweder-oder-Logik des „zu spät" oder „zu früh", die uns die Zeiger der Uhr immerzu aufdrängen, hat sich nicht selten als ein Hindernis für Kreatives und Innovatorisches herausgestellt. Die Produktivkräfte des Innovatorischen, denen heute die entscheidenden Impulse für Wachstum und Wohlstand zugetraut werden, können durch die Uhrzeitlogik allein nicht mehr länger sichergestellt werden. Deren Monopol scheint inzwischen hinderlich zu sein.

Die Logik des Netzwerkes gilt als erheblich vielversprechender (vgl. dazu Castells 2001). Das Netz bewahrt und fördert – im Gegensatz zum Uhrenmodell – die Komplexität des Denkens und Handelns. Es arbeitet mit und nicht gegen Widersprüchliches und Abweichendes. Es stellt sich als ein differenziertes Ganzes dar, das Unterschiedliches ermöglicht, koordiniert und es nicht aussondert. Ein Ordnungsprinzip, das nur eine einzige Richtung des Voranschreitens kennt, hat ausgedient. Ein gutes Indiz dafür sind die aufdringlichen Zeremonien der sozialen Wichtigkeitsdemonstration. Für sie taugt die Uhr inzwischen kaum mehr. Mobiltelefon und Internet haben deren traditionelle Funktion übernommen. Karl Valentin hat das bereits geahnt, als er jener Taschenuhr einen unersetzbaren Wert attestierte, die ihre Zeiger verloren hatte.

Die meisten Entwicklungen, die seitens der Menschheit jemals in Gang gesetzt wurden, haben problematische Nebenfolgen. Dies trifft auch auf die Uhr und deren Zeitordnung zu. Das Interesse der Mächtigen, die der chronometrischen Logik zum gesellschaftlichen Durchbruch verhalfen, bestand in erster Linie darin, die Zeit und deren Organisation von ihrer engen Anbindung an Naturvorgänge zu lösen. Weder die Stunde noch die Minute oder die Sekunde kommen als Zeiteinheiten in der natürlichen Umwelt vor. Sie führten zu völlig neuen Denk- und Handlungsmöglichkeiten, die schließlich die unkalkulierbaren Dynamiken der Natur (zumindest teilweise) beherrschbar machten. Der Preis dafür war eine immer größer werdende Entfremdung von den Naturprozessen. Darüber klagte bereits der Parasit in einer Komödie des Plautus: „Früher bestimmte der Magen die Essenszeit, seit aber die neue Sonnenuhr auf dem Forum steht, muss ich den Schatten des Zeigers fragen, ob ich Hunger habe“ (zit. nach Demandt 2002, 153).

Die taktförmige Uhrzeitordnung hat nicht selten in zerstörerischer Art und Weise auf die Naturdynamiken zurückgewirkt, auch auf die innere Natur der Menschen. Diesen Eindruck hatte auch Umberto Eco, der anlässlich der Zeit-Ausstellung im Pariser Centre Pompidou, die den Beginn des 21. Jahrhunderts feierte, anmerkte: „Die Uhr erpresst uns."

In jüngster Zeit werden Stimmen lauter, die beklagen, dass die Uhr das Subjektive, das Besondere, das Einzigartige des Menschlichen eliminiert, dass sie letztlich ein Verrat an der lebendigen Zeit ist. Gramsci etwa (1967, 389) spricht von der „zerbrochenen Menschlichkeit", von einem schmerzlichen Prozess der Unterwerfung des Menschlichen unter „starre Normen der Gewohnheiten der Ordnung, Genauigkeit und Präzision". Daran haben die Uhr und deren Zeitordnung einen nicht zu vernachlässigenden Anteil. „Das Arbeitsmittel", so liest man bei Marx, „erschlägt den Arbeiter" (1972, 199). Im „Elend der Philosophie" (1972, 27) schreibt er ausführlicher:

„Durch die Unterordnung des Menschen unter die Maschine entsteht der Zustand, daß die Menschen gegenüber der Arbeit verschwinden, daß der Pendel der Uhr der genaue Messer für das Verhältnis der Leistungen zweier Arbeiter geworden, wie er es für die Schnelligkeit zweier Lokomotiven ist. So muß es nicht mehr heißen, daß eine (Arbeits-)Stunde eines Menschen gleichkommt einer Stunde eines anderen Menschen, sondern daß vielmehr ein Mensch während einer Stunde so viel wert ist wie ein anderer Mensch während einer Stunde. Die Zeit ist alles, der Mensch ist nichts mehr, er ist höchstens noch die Verkörperung der Zeit."

Was die rhythmisch pulsierenden Menschen mit dem Takt der Uhr verbindet, ist der gefährliche Abgrund, der zwischen dem Lebendigen des Rhythmus und dem Mechanischen des Taktes liegt. Im Gegensatz zu den vielen Versprechungen erlöst und rettet die Uhr niemanden vor dem Zeitlichen. Am Schicksal des römischen Kaisers Petronius Maximus, der als Senator 455 n. Chr. in dieses höchste Staatsamt befördert wurde, kann das belegt werden:

„Petronius galt als der Mann mit dem größten Reichtum, den meisten Klienten und dem höchsten Ansehen. Die Frage, wie er zu dieser Stellung gelangt sei, wird in einem zeitgenössischen Briefwechsel erörtert, und die Antwort lautet: der Tagesablauf dieses Petronius sei so genau geplant, dass die Stunden einzeln durch die Klepshydra, die Wasseruhr, reguliert würden! Das Erfolgsrezept eines nach der Uhr bemessenen Tagesablaufes hat den Aufstieg des genannten Senators ermöglicht, nicht aber den Zusammenbruch des Imperiums verhindert. Wenige Wochen danach hat Geiserich mit seinen Vandalen Rom erobert! Und seitdem löste ein germanischer Herr in Italien den anderen ab. Die führenden Leute Roms hatten nach der Uhr gelebt und darüber die Zeit versäumt" (Demandt 2002, 39).

Die Anzahl jener Personen, die auch von ihrem heutigen Leben diesen Eindruck haben, scheint größer zu werden. Das Gefühl, der vertakteten Zeitgewissheit vielleicht doch zu viele Opfer gebracht und dabei das erhoffte Glück nicht gefunden zu haben, verbreitet sich ebenso wie die Erkenntnis, dass die Unterwerfung unter den mechanischen Gang der Zeiger die erhoffte Souveränität behindert. Könnte es sein, dass Glückserfahrungen nicht in erster Linie mit, sondern nur gegen die Uhr möglich sind? Könnte es sein, dass die Zeit der Uhr, der wir uns nur allzu bereit unterwerfen, aus nichts anderem als aus höchst präzisem Leerlauf besteht? Keiner noch so komplizierten Uhr ist es nämlich bisher gelungen, eine auch nur annähernd zufrieden stellende Antwort auf die Frage, was Zeit sei und wie sie zu leben ist, zu geben. Bisher hat sie uns immer nur signalisiert, wie spät es ist. Als „schauerliche Symbole der rinnenden Zeit" (Camus) scheitern die Uhren daher heute an ihrem Erfolg. Speziell an jenem, alle Zeit in Geld verrechnen zu können. Wer aber die Welt und deren Zeit ausschließlich als Geldmaschine begreift, dem droht das Schicksal des Königs Midas, der bekanntermaßen verhungerte, weil alles, was er anfasste, zu Gold wurde. Wir ahnen inzwischen: Es gibt Vergnügungen, Erkenntnisse und Erfahrungen, die nur die Abwesenheit der Uhr und ihrer Zeitansage bieten können.

Es geschah unaufhörlich etwas.
Und wenn unaufhörlich etwas geschieht,
hat man leicht den Eindruck,
dass man etwas Reales bewirkt.
(R. Musil)

5. Entgrenzung von Raum und Zeit

Italo Svevo, ein lange Zeit unterschätzter Schriftsteller, schildert in einem seiner im Triester Kaufmannsmilieu der untergehenden österreich-ungarischen Monarchie spielenden Romane eine eher beiläufige Szene, deren Symbolik erst unter heutigen Verhältnissen ihre volle Ausdruckskraft erlangt: In einem Handelsbüro taucht anlässlich einer Modernisierung der Geschäftsräume ein überraschendes Problem auf. Niemand weiß, wohin ein Schild gehört, auf dem „Privat" steht. Keiner kann sagen, wo es noch gebraucht werden könnte. Das Private, so die Botschaft Svevos, ist nicht mehr länger lokalisierbar, es hat seinen Ort verloren. Jene Ratlosigkeit, vor der die Büroangestellten bereits vor 100 Jahren standen, als sie sich neu möblierten, beschreibt eine Situation, die in heutigen postmodernen Zeiten zum Dauerzustand geworden ist.

Die Zeit hat ihren Ort und der Ort hat seine Zeit verloren. Rund um die Uhr und beinahe an jedem Ort können wir heute arbeiten und einkaufen. Demnächst wird es auch möglich sein, je nach Bedarf, das heißt unabhängig von aller Uhrzeit, jedes gewünschte Programm-Angebot des Fernsehens abzurufen. Verabredungen werden neuerdings relativ kurzfristig und damit potentiell zu jeder Zeit getroffen. Das Mobiltelefon macht's möglich: „Ich komm gleich mal vorbei. Schön, dass du da bist!"

Die Zeiten ändern sich, und mit ihnen der Alltag des Lebens. Zumindest gilt dies für Herrn Dr. Habermann – und diese Habermanns trifft man immer öfter:

Wie vereinbart, kommt Herr Dr. Habermann jeden Freitag um 14 Uhr in die Beratung von Frau Dr. Wedekind. Heute jedoch verspätet er sich. Frau Dr. Wedekind wartet also auf ihren Klienten. Um 14:10 Uhr erhält sie einen Anruf von ihm: „Entschuldigen Sie bitte, Frau Dr. Wedekind, ich kann heute nicht pünktlich bei Ihnen sein, da ich in einem Verkehrsstau stecke. Aber wenn es Ihnen nichts ausmacht, können wir ja mit der Beratung schon mal anfangen."

Orte und Zeiten werden flexibler. Das gilt sowohl für Berater und Beraterinnen wie auch für deren Klienten. Das ehemals starre Regime von Ort und Zeit steht zur Disposition. Beratung beispielsweise kann neuerdings überall stattfinden, nicht nur in den dafür vorgesehenen Räumlichkeiten und nicht nur zu den vereinbarten Zeiten. Für viele andere Aktivitäten gilt dies ebenso. Die Entgrenzung von Raum und Zeit ist die herrschende Dynamik. Das gilt sogar im ursprünglichen Wortsinn. Ohne den Fuß vom Gaspedal nehmen zu müssen, können heutzutage Staatsgrenzen passiert werden. Weitgehend ent-ortet ist zudem das, was man kauft, was man isst und trinkt und auch vieles von dem, was erfahren und erlebt wird. Das orts- und das zeitgebunden Spezifische dagegen „verkommt" zunehmend zur Folklore.

Die Entgrenzung des Örtlichen und des Zeitlichen verändert das Angebot auch inhaltlich in grundlegender Art und Weise. Tankstellen, ehemals begrenzt auf den Verkauf von Kraftstoffen und Dienstleistungen der Autopflege, tätigen einen Großteil ihres Umsatzes inzwischen mit Gebrauchs- und Verbrauchsgütern des täglichen Bedarfs. Das hat schließlich zur Folge, dass die Tankwarte mehr Brötchen backen als die dafür ausgebildeten Bäcker. In Einzelhandelsgeschäften kann man neuerdings Kraftfahrzeuge, Autozubehör und manchmal sogar Immobilien erwerben, im Stehkaffee Versicherungspolicen, Goldschmuck und Gartenmöbel. Ferienreisen beschränken sich nur mehr in wenigen Ausnahmefällen auf die Befriedigung eines einzigen Bedürfnisses. Kunden von Reisebüros bevorzugen derzeit eine Kompakt-Kombination von Kultur, Erholung, Bildung und Unterhaltung. Diese Vergleichzeitigung der „Unordnung“ ist es, die die größten Wachstumsraten beim Umsatz und auch die höchsten Profite verspricht.

Entgrenzung geschieht an allen Orten, ganz besonders aber an den Verkehrsknotenpunkten dieser Welt, an den Rast- und Tankstellen, den Bahnhöfen und den Airports. Hier entstehen die großen Einkaufs-, Unterhaltungs-, Vergnügungs- und Begegnungszentren. Die Tore zur Welt werden selbst zur Welt und stellen sich doch mit ihrer Entscheidungsvielfalt nicht selten als recht einfältig dar. An jedem Ort, zu jeder Zeit die gleich sterile Vielfalt. Nicht nur am Münchner Flughafen können sich Hungrige zwischen Noodle-Bar, Sushi-Tresen, Thai-Food und lokal entgrenztem Hofbräuhaus entscheiden. Eine ähnliche Ansammlung von Imbissbuden der gehobenen Klasse mit entsprechend gehobenen Preisen ist weltweit anzutreffen.

Besonders jedoch die in diese zunehmend postmodern ausgestattete Gesellschaft hineinwachsenden jungen Menschen wollen nicht auf die Vorteile entgrenzter Orte und Zeiten verzichten. Dank der Entwicklung des Entgrenzungsinstrumentes „Walkman“ können sie jederzeit und überall in die Welt von Bibi Blocksberg, Momo oder Madonna eintauchen. Etwa 80 Prozent aller 6- bis 13-jährigen Deutschen besitzen inzwischen ein solches zeit- und ortsunabhängiges Illusionsgerät.

Der englische Soziologe Anthony Giddens verlieh dieser Tendenz das Charakteristikum der „Entbettung“. Er beschreibt damit das „Herausheben sozialer Beziehungen aus ortsgebundenen Interaktionszusammenhängen und ihre unbegrenzte Raum-Zeit-Spannungen übergreifende Umstrukturierung“ (1995, 33). Das führt, so Giddens, schließlich zu jenem Phänomen, das heute gerne „Globalisierung“ genannt wird. Diese stellt sich als eine „Intensivierung weltweiter sozialer Beziehungen dar, durch die entfernte Orte in solcher Weise miteinander verbunden werden, dass Ereignisse an einem Ort durch Vorgänge geprägt werden, die sich an einem viele Kilometer entfernten Ort abspielen, und umgekehrt“ (1995, 85). Die israelische Post hat diese Giddens'-sche Erkenntnis in ihr Dienstleistungsangebot umgesetzt und bietet konsequenterweise an, per E-mail nach Jerusalem versandte Gebete auszudrucken und diese von Angestellten zwischen die Steine der Klagemauer stecken zu lassen.

Weniger denn je werden Räume und Zeiten über Grenzen markiert. Die Medien- und die Informationstechnologie sowie deren rasante Verbreitung haben diese „verflüssigt“, entmaterialisiert und virtualisiert. Der Raum wird „getötet“ – eine Formulierung, die bereits Heinrich Heine anlässlich seiner Beschreibung der inzwischen mehr als 150 Jahre zurückliegenden Eröffnung der Eisenbahnlinie von Paris nach Rouen zur Benennung seiner Beschleunigungserfahrungen benutzte.

Grenzüberschreitungen sind zu einer wichtigen ökonomischen Produktivkraft geworden. Man kann sich ihnen nur mehr schwer entziehen. Alle müssen mitmachen, gegebenenfalls auch gegen ihren Willen. Die Orte des sozialen Lebenszusammenhanges verlieren zunehmend ihre Privatheit, maßgeblich unterstützt durch die Installation von Apparaturen, die mit Lichtgeschwindigkeit den Anschluss an das jeweils aktuelle Weltgeschehen herstellen. Auch sind die Fabrik, das Büro nicht mehr länger jene Orte, an denen sich die Arbeit in exklusiver Art und Weise konzentriert. Dies gilt insbesondere dort, wo Informationen und Daten bearbeitet werden. Die Trennlinien, die Abgrenzungen von Arbeit und Nicht-Arbeit, zwischen Privatem und Öffentlichem, werden porös. Das orts- und zeitlose Netzwerk tritt an ihre Stelle. Mit Computer, Fernseher, Telefax, Mobiltelefon, Laptop und anderen Geräten wird der Abschied vom Privatleben eingeleitet und vorangetrieben. So fanden beispielsweise Telefongespräche ehemals in abgeschlossenen Räumen und Zellen statt, die die Privatheit schützten. Die passive Teilnahme an der jeweiligen Unterhaltung galt als grobe Verletzung der Intimsphäre. Das hat sich seit der Verbreitung des Mobiltelefons gründlich geändert. Intimste Details aus dem Privatleben und unterschiedlichste Geschäftsgeheimnisse werden heute ohne große Zurückhaltung in Anwesenheit völlig fremder Menschen preisgegeben. Selbst die Toiletten gelten nicht länger mehr als Orte, an denen man nicht zu sprechen ist. „Das Wohnzimmer gehört uns", stellt der niederländische Philips-Konzern mit imperialer Geste fest – und dabei wird's nicht bleiben. Der Kampf ums Klo hat schon begonnen.

Die „Privat"-Wohnung hat sich zu einem konflikt- und entscheidungsreichen Spannungsfeld zwischen dem globalen Raum und einem konkreten Ort des sozialen Lebens gewandelt. Geschäfte werden, nicht immer zur Freude anwesender Familienmitglieder, vom Wohnzimmer aus getätigt. Die Arbeit wird nicht selten mit nach Hause genommen oder kommt elektronisch aus dem Büro. Die Statistiken melden, dass jeder/jede Dritte diese Art der Entgrenzung praktiziert. Zahlen aus Amerika belegen, dass 23 Prozent der dortigen Internet-Nutzer am Wochenende zu Hause ihre berufsbezogenen Mails lesen und 42 Prozent dies sogar in ihrem Urlaub tun.

Die Wohnung wird jedoch nicht nur zur Arbeitsstätte, sondern darüber hinaus auch noch zum Depot für Informationen und Nachrichten. Mittels Fernabfrage sind die eigenen vier Wände auch von außerhalb jederzeit zugänglich. Die in Deutschland grundgesetzlich als privater Raum geschützte Wohnung öffnet sich zur Welt. „Stärken Sie Ihren Internet-Browser und schon stehen Sie mit der ganzen Welt in Verbindung", verspricht Microsoft – und nicht wenige folgen dieser Aufforderung. Gleichzeitig mehren sich skeptische Beobachter dieser Entwicklung und sprechen vom „Ende des Sozialen". Sie warnen darüber hinaus vor den möglichen und absehbaren Folgen.

Ist die Wohnung erst einmal multimedial hochgerüstet, entgrenzt sie sich nicht nur lokal, sondern auch in zeitlicher Hinsicht. Von den ISDN- und UMTS-Umgebungen gehen keine zeitlichen Strukturierungsangebote für die alltägliche Lebensführung mehr aus. Diese Technologien folgen nicht mehr den Ordnungsprinzipien traditioneller sozialer und/oder biologischer Rhythmen. Wer sich für das „komplette Büro in der Handtasche“ entscheidet, kennt weder Feierabend noch Wochenende. Rund um die Uhr ist die Erreichbarkeit gesichert, zumindest auf der Mailbox, durch das Faxgerät oder per E-Mail. Immer häufiger ist es der Zeitbedarf externer und entgrenzter Kommunikationspartner, der die Privatheit der eigenen vier Wände aufhebt.

Die damit andererseits einhergehende Eroberung von neuen Handlungsfreiheiten und bisher unbekannten Wahlmöglichkeiten hat ihren Preis. Bezahlt wird sie unter anderem mit dem Verlust von sozialer Rhythmik, Kontinuität und gemeinschaftsstabilisierendem Zusammenhalt.

Das Beharrungspotential, das in der Regelmäßigkeit und der Berechenbarkeit von sozialer und aufgabenorientierter Zeitorganisation verankert ist, geht mit der zunehmenden Entgrenzung tendenziell verloren. Es steigt die Anzahl kurzfristiger Entscheidungen. Der Druck zum permanenten Zeitmanagement wächst. Der Aufwand an zusätzlichen Orientierungsleistungen und an dauerhaften Strukturierungs- und Koordinationsaufgaben wird größer. Zwar lässt sich dieser wiederum technisch abfedern, zu einem großen Teil muss er dennoch von den Gruppen- bzw. Familienmitgliedern selbst erbracht werden. So nimmt der Alltag, auch jener, der sich zu Hause abspielt, immer mehr die Formen der Arbeit an. Das bedeutet, dass sich schließlich auch Arbeit und Freizeit, ebenso wie Privates und Öffentliches, entgrenzen und vermischen. Diese Entwicklung wiederum betrifft dann nicht mehr nur die Angestellten und Kunden der Westdeutschen Landesbank, die wissen lässt: „Bei uns hat der Arbeitstag 24 Stunden. Und fünf Kontinente.“

Schnurlos

Zeichnung: Ernst Hürlimann (SZ)

„Bittschön, stoßen S' die kanadischen Dollar ab
und ordern S' dafür Yen.

Als Trendsetter der Entgrenzung fungieren die Medien. Radio und Fernsehen haben bereits vor einiger Zeit ihre ehemals tagesrhythmische Struktur zugunsten eines 24 Stunden-Programms aufgegeben. Eine ähnliche Entwicklung steht auch anderen Institutionen bevor. Alles das, was in Form von Stundenplänen organisiert ist, steht unter Flexibilisierungsdruck. Das wird schließlich sogar an der Schule, einer Institution, die bisher für ihre relative Inflexibilität berüchtigt war, nicht spurlos vorbei gehen. In Schweizer Volksschulen beispielsweise ist der (Binnen-) Stundenplan inzwischen weitgehend abgeschafft. In der beruflichen Aus- und Weiterbildung lassen sich in Deutschland ähnliche Entwicklungen beobachten. Dort wird neuerdings das „Lehrgangsprinzip" durch das sogenannte „modulare Organisationsprinzip" ersetzt. Hiervon verspricht man sich erheblich mehr Flexibilität, sowohl in zeitlicher als auch in räumlicher Hinsicht. Politisch erhält diese Entwicklung starken Rückenwind, zumal die parlamentarischen Gestaltungsmehrheiten inzwischen auch andere traditionelle gesellschaftliche Zeitstrukturen, wie etwa Ladenöffnungszeiten, Wochenend- und Saisonregelungen, als abzubauende „Fortschrittsbremsen" identifiziert haben. In der Konsequenz dieser Dynamik wurden jüngst auch die zeitlichen Regelungen von Sommer- und Winterschlussverkäufen aufgehoben.

Der Ausverkauf findet neuerdings das ganze Jahr über statt – und selbstverständlich überall.

Vom Naturrhythmus „befreit“ sind immer häufiger auch unsere individuellen Entscheidungen, so beispielsweise bei jenen Nahrungsmitteln, die wir zum Essen einkaufen. Das entsprechende Angebot ist in den Supermärkten bereits seit längerem nicht mehr saisonal geprägt, mit der Folge, dass den Verbrauchern die lokalen Wachstums- und die Erntezyklen von Früchten und Gemüse inzwischen weitgehend fremd sind. Der beschleunigte globalisierte Transport macht alle jahreszeitlichen Einschränkungen überflüssig (die jedoch aus ökologischen Gründen weiterhin durchaus sinnvoll wären). Ganz ähnliche Entgrenzungsstrategien erleben wir auch im Alltag, zum Beispiel bei Entscheidungen über die Urlaubsgestaltung. Mehrere, über das Jahr verteilte so genannte „Kurzurlaube“, lösen den für die Industriemoderne typischen längeren Sommerurlaub ab. Die beschleunigten Transportmöglichkeiten, speziell die des Flugzeuges, machen darüber hinaus all jene Personen, die über genügend Kaufkraft verfügen, saisonal unabhängig, ebenso übrigens wie dies Strandkörbe, die neuerdings mit Internetanschluss ausgerüstet werden, in örtlicher Hinsicht tun. Nicht nur Gewohnheiten und Traditionen veralten dabei rapide, sondern auch Gefühle – zumindest das des Fernwehs kennt man heute kaum mehr.

„Deregulierung“ nennt sich das Programm, mit dem immer mehr Entscheidungen über Zeit und Ort auf Einzelpersonen übertragen werden. Dieser Prozess verändert die gesellschaftliche und die soziale Ordnung in grundlegender Art und Weise. Die Konsequenzen für die sozialen Systeme und für die Individuen werden gravierend sein. Realistisch eingeschätzt werden können die Folgen jedoch derzeit noch nicht. Mit den Risiken, die sich ergeben, gilt es daher vorerst zu leben.

Konzentriert man die Effekte dieser sehr weitgehenden Veränderungen auf die Zeitperspektive, so lässt sich einerseits eine

Extensivierung des Zeitnutzens feststellen. Als „Weg in die Nonstop-Gesellschaft“ wird diese Entwicklung im nächsten Kapitel detaillierter beschrieben. Andererseits wird der Zeitnutzen zunehmend auch durch die Form der *Intensivierung* gesteigert. Die Dynamiken, die diesen Prozess kennzeichnen, werden durch die Schlagworte des „Stand-by“ und des „On-Demand“ charakterisiert. Diesen sind dann die folgenden Kapitel gewidmet. Beide Tendenzen, die Intensivierung und die Extensivierung von Zeit, führen zu Entgrenzungen, die mit neuen Freiheiten, aber auch mit neuen Problemen und Zwängen einhergehen.

Die Zeiten werden anders, sie werden postmodern. Postmoderne Zeiten sind Zeiten des „ubiquitous computing“. Natascha Adamowsky öffnet ein Fenster in diese nahe Zukunft und sieht dabei nicht nur Neues: „Das Konzept des ubiquitous computing sieht vor, kleinste Computerprozessoren und mikroelektronische Sensoren in jeden Alltagsgegenstand zu integrieren. Dies würde auf eine Welt im Stand-by-Modus hinauslaufen, die ihren menschlichen Benutzern die Rolle von allzeit bereiten Etui-Menschen zuwiese. Die verschiedenen Phantasien inszenieren eine Vollkomfort-Ästhetik, die das Leitbild des transitorischen global players durch einen global bourgeois im automatic style ersetzen zu wollen scheint. Bemerkenswert ist, dass für diesen Vorgang die Begriffe „Allgegenwart“ und „Unsichtbarkeit“ verwendet werden. Den Wunsch nach Allgegenwart haben westliche Kulturen bislang vorzugsweise in der Gestalt Gottes formuliert; der Wunsch nach Unsichtbarkeit technischer Funktionsweisen hingegen ist ein alter Trick magischer Praktiken“ (2003, 234).

Light speed is not enough.
Everything in no time.
(PABLO HELGURA)

6. Durchgehende Zeiten – Nonstop

Es ist noch nicht allzu lange her: Das 20. Jahrhundert ging zu Ende, die Informationsgesellschaft wurde ausgerufen, die Arbeitsplätze und die Wohnzimmer technisch aufgerüstet und die eisernen Vorhänge dieser Welt konnten plötzlich hochgezogen werden, als die inzwischen börsenfähig gewordene Deutsche Telekom eine groß angelegte Werbekampagne startete. Sie versprach uns eine neue, bisher nicht gekannte freie Welt mit digitalem Anschluss an die Zukunft:

„Bankgeschäfte rund um die Uhr – ein kleiner, kurzer Tastendruck, und alles geht viel schneller. Unabhängig von Schalterzeiten, Wochenenden oder Feiertagen können Sie am heimischen PC Theaterkarten reservieren, die Börsenkurse abfragen oder sogar für den nächsten Urlaub die Last-Minute-Angebote abrufen und sofort buchen. Ganz ohne Ladenschlusszeiten können Sie sich die schönsten Angebote aus dem Versandhandel per Mausklick bestellen. Alles in Sekundenschnelle und ohne einen Schritt vor die Haustür zu machen."

Allerdings: So ganz stimmt es nicht, dass uns demnächst der Schritt aus dem Haus erspart bleibt. Es handelt sich nur mehr um eine virtuelle Form des Ortswechsels, an dem die Telekom bestens verdient. Immerhin brauchen wir bei den elektronischen Wanderungen vor die Haustüre keinen Regenschirm. Das „Rund-um-die-Uhr-Versprechen" befreit uns zwar vom Wetter und teilweise auch von den Zyklen der Natur, aber – und dies wird häufig fälschlicherweise erwartet – nicht von der Zeit. Das erfahren zu ihrem Leidwesen auch jene modernisierungsbereiten Landwirte, die mit Unterstützung von Nachtsichtgeräten ihre Aussaat jetzt auch im Dunkeln auf die Felder bringen können, jedoch weiterhin auf das kaum zu beschleunigende Reifwerden der Feldfrüchte warten müssen. Da helfen auch die beliebten chemischen Tempomittel nicht allzu viel. Falls es den Bauern aber während des Wartens auf die Erntezeit langweilig würde, steht ihnen ja zum Glück ein Fernsehprogramm zur Verfügung, dessen „Nachtlücken" seit einiger Zeit mit einem Nonstop-Programm geschlossen wurden.

„Nonstop", so nennt man mit einen amerikanischen Begriff alles das, was im Deutschen doppelsinnig „durchgehende Zeiten" heißt. Was da durchgeht, sind in allererster Linie vielfältige technisch gestützte menschengemachte Aktivitäten. Die kosmischen Zyklen hingegen, speziell der tägliche Umlauf der Erde um die Sonne, erzeugen natürliche Formen von orientierenden Gegensätzen: Helligkeit und Dunkelheit, Morgen und Abend, Wachen und Schlafen, Aktivität und Ruhe. Diese von der Natur vorgegebene Struktur wird im ökonomischen Interesse aufzulösen versucht. Die ehemals das Alltagsleben gestaltenden Differenzen werden planiert. In Nonstop-Arealen ist immerzu etwas los. Zumindest könnte dort immer etwas los sein. Auf diesen Zustand bewegen sich die westlichen Gesellschaften mit raschen Schritten zu. Schleichend, aber alles andere als langsam, findet die Veränderung in Richtung „Rund-um-die-Uhr-Gesellschaft" statt. Die Ausweitung der Ladenschlusszeiten, die zeitliche und die räumliche Ausdehnung der Dienstleistungen im Bereich des Handels und des Kapitaltransfers, die Abschaffung von traditionellen Ruhetagen, die Zunahme von Ausnahmegenehmigungen für Sonntags- und Feiertagsarbeit, die Erweiterung der Einkaufsmöglichkeiten an Wochenenden – all das sind untrügliche Zeichen dieser nicht allzu stillen Revolution.

Anzeige: Nokia 1999

Die Zeitordnung, die wir hinter uns lassen, unterscheidet sich von jener, die wir gerade etablieren, zuallererst darin, dass sie die Rhythmen von Tag und Nacht, Sommer und Winter, Arbeit und Ruhe als unnötige Einschränkungen des individuellen, insbesondere aber des ökonomischen Handelns betrachtet. Im Ideal des Nonstop findet diese Veränderung ihre normative Ausrichtung: Alles möglichst immer, möglichst überall und zu jeder Zeit. Alles, soweit möglich, gleichzeitig.

Die Dynamisierung der Zeit, der Gedanke, die Zeit für die Organisation und deren Entwicklung nutzbar machen zu können, erfährt in der Postmoderne ihre Totalisierung. Alle Tages- und alle Wochenzeiten werden zur Gestaltungsmasse der irdischen Zeitorganisation. Eliminiert werden dabei all jene Lücken, die der zeitlichen Disposition bisher entzogen waren. Es gibt keine „naturbelassenen Zeiten“ mehr. Darüber hinaus kann heute auch auf Zeiten zugegriffen werden, die jenseits des eigenen nationalen Gestaltungsraumes liegen, insbesondere auf die Zeiten anderer Kulturen und fremder (ausländischer) Arbeitskräfte. Tendenziell, so die Vorstellung, stehen alle Zeiten dieser Welt zu jeder Zeit der ökonomischen Nutzung zur Verfügung. Dies ist der zeitliche Aspekt dessen, was wir Globalisierung nennen.

Die bahnbrechende Erfindung des elektrischen Lichtes in der zweiten Hälfte des 19. Jahrhunderts war ein erster großer Schritt zur Nonstop-Gesellschaft. Die Nachtarbeit, die wir mit Vorliebe „Schichtarbeit“ nennen, wurde hierdurch in breiterem und systematischerem Umfang überhaupt erst möglich. Die dunkle Seite des Tages wurde in konsequenter Umsetzung der Ideen der Aufklärung – die ehemals nur auf die Finsternis der Erkenntnislosigkeit bezogen war – zum Tage gemacht. Dafür, dass es von nun an überall „hell wie der lichte Tag“ wurde, sorgte nicht mehr Gott, sondern die Firma Osram. 1926 räumten Reichsbahn und Reichspost der Nonstop-Gesellschaft durch die Einführung der 24-Stunden-Zählung der Tageszeit einen weiteren Begrenzungsstein aus dem bis dahin schmalen Weg. Die inzwischen zum mehrspurigen Datenhighway ausgebauten Hochgeschwindigkeitsstraßen pausenlosen Tuns, auf denen bevorzugt die New Economy ihre Geschäfte abwickelt, präsentieren sich mit aussagekräftigen Slogans: „Never stop thinking“ (Infineon), oder, so Nicholas Negroponte: „Cyberspace has no seasons. The virtual world is absent of night and day.“

Die Unternehmer haben den Platz von Kaiser Karl V., in dessen Reich die Sonne nie unterging, eingenommen. Mit Stolz präsentieren sie eine Arbeitsorganisation, durch die der tägliche Informationstransfer von Heidelberg/Walldorf nach Philadelphia, des Nachts dann der von Philadelphia nach Singapur und anschließend jener von Singapur zurück nach Walldorf gesichert wird. Die hochprofitable Projektbearbeitung folgt dem Lauf der Sonne: Jeweils acht Stunden lang sind die Mitarbeiter eines Projektteams für den Fortgang der Arbeit verantwortlich, danach übernimmt der nächste „Standort“ (welch ein alter Begriff!) die weitere Bearbeitung der jeweiligen Aufgabenstellung. Für die vielen Global-Player dieser Welt scheint die Sonne in Gestalt gewinnbringender Geschäfte zu jeder Zeit und immerzu. Lokale Zeitunterschiede, Naturrhythmen und kosmische Zyklen bleiben unberücksichtigt und unbeachtet. Den Tag als Zeiteinheit haben die globalisierten Manager längst abgeschafft, ebenso auch die Woche und das Jahr. Die Zeiteinheiten des ökonomischen Handelns finden keine kosmische Korrespondenz mehr. Sie heißen: „time to market“, „time to start“, „Abgabetermin“. Die Börse und die Mechanismen des Kapitaltransfers bestimmen die Zeittakte in eigener Souveränität. Die Anstrengungen des Managements dienen zuallererst dem Ziel, eine noch größere Beschleunigung der Geschäftsabläufe pro Zeiteinheit zu erzielen.

Mit dem Internet, das die einflussreiche Computerzeitschrift „Wired“ Ende der 90er Jahre auf den ersten Platz der sieben Weltwunder wählte, wurde das ideale Medium gefunden, sich von den als einschränkend erlebten natürlichen und sozialen Zeitordnungen zu lösen. Im „www“ ist die Zeit grenzenlos, das

Angebot an Informationen ebenso und die elektronische Augenblicksverknüpfung immer und überall möglich. Der Branchenjargon spricht von „Hochverfügbarkeit". Das ist nichts anderes als die Umschreibung des Nonstop-Prinzips. Wer dabei nicht mitmacht, nicht mitkommt oder auch nur für eine kurze Spanne einmal aussetzt, um wieder Luft zu holen, der wird bestraft. Im schlimmsten Fall sogar, wie das Compaq-Magazin „Q" (4/99) uns informiert, mit dem Tode: „Beim Business-to-Consumer- und im Business-to-Business-Verkehr kommt selbst eine kurzfristige Nichtverfügbarkeit einem Todesurteil gleich."

Vorreiter dieser Entwicklung waren die Finanzdienstleister. Sie boten ihren Kunden die „Beratung ohne Ende" (Hypovereinsbank) an. Die Deutsche Bank ging dabei noch einen Schritt weiter und gründete eine Hochgeschwindigkeitstochter mit permanentem Besuchsrecht, die als Bank 24 das Nonstop-Programm zu ihrem Namen machte. Deren Programmatik zeigt Konsequenz:

„Längst erleben wir die mobile 24-Stunden-Gesellschaft. Immer mehr Menschen arbeiten abends, in der Nacht, am Wochenende oder fern von ihrem Wohnort. Diese Menschen brauchen eine Bank, die so flexibel ist wie sie. Moderne Menschen möchten selbst entscheiden, wann und wie sie die Dienste ihres Kreditinstituts in Anspruch nehmen, unabhängig von Öffnungszeiten, Zeitzonen und Entfernungen. Eine moderne Bank muss auf diese Veränderungen reagieren, sie vorwegnehmen."

Solch fürsorgliche Belagerung im eigenen Gewinninteresse nach dem Motto: „Wir werden für sie da sein, rund um die Uhr!", hat inzwischen Schule gemacht. Die Unterhaltungsindustrie und zuallererst die Radio- und Fernsehstationen haben sich angeschlossen und ihren Teil zum raschen Ausbau der Nonstop-Areale geleistet. Die elektronischen Kaufhäuser, deren Umsatzzahlen derzeit in die Höhe schnellen, konkurrieren intensiv um nächtliche Aufmerksamkeitsanteile. In solch schnellen Zeiten geraten auch die Bildungsinstitutionen unter den Druck, ihre

Angebote zeitlich ähnlich radikal auszudehnen. Die Volkshochschulen, ehemals bei ihrer Programmgestaltung auf den Nachmittag und den frühen Abend konzentriert, propagieren „zeitflexible Lernumgebungen", die schließlich eine grenzenlose und lebenslange Bildung ermöglichen sollen. Sogar Deutschlands Hochschulen, denen man guten Gewissens ein erhebliches Beharrungsvermögen zuschreiben kann, passen sich diesem Trend an und machen die Nacht zum erkenntnisreichen Tag. In Göttingen ist die naturwissenschaftliche Abteilung der Universitäts-Bibliothek inzwischen 24 Stunden geöffnet, und auch in Konstanz können die dort studierenden und lehrenden Geisteswissenschaftler die Nacht zu ihrer Erleuchtung nutzen. Ein wahrlich später Sieg der Aufklärung.

Bei dieser „Mobilisierung von Zeitreserven" – so die beliebte Begründung für die Rund-um-die-Uhr-Aktivitäten – können sich Arztpraxen, Buchläden, Fitness-Center und auch andere Dienstleister, nicht mehr länger im zeitlichen Abseits aufhalten. Auch ihre Dienste stehen immer häufiger jederzeit zur Verfügung, zumal der notwendige Transport dorthin durch den 24-Stunden-Betrieb der öffentlichen Verkehrsbetriebe und der Tankstellen inzwischen infrastrukturell gesichert ist. Falls es dann einmal aufgrund des nächtlichen Andrangs zu Wartezeiten kommt, empfiehlt es sich, das mobile Büro mit Online-Anschluss mitzunehmen. Glücklicherweise ist auch für die sofortige Bezahlung nächtlicher Dienstleistungen durch die Allzeitbereitschaft eines dichten Geldautomaten-Netzes gesorgt. Das Nonstop-Prinzip wissen inzwischen sogar die amerikanischen Richter zu schätzen. In New York existiert eine „Around-the-clock-Gerichtsbarkeit", deren Einführung neuerdings auch die Engländer erwägen. Dies ist der praktische Beleg für die These, dass die Gerechtigkeit zeitlos ist. Während es mit der Zeitlosigkeit des Nonstop-Menschen noch einige Probleme zu geben scheint, sonst müssten die vielen Fernsehmoderatorinnen und Nachrichtensprecher am Ende ihrer Sendungen nicht in dumpfer Wiederholung flehentlich ihre Zuseher bitten, „dranzubleiben".

Das „Immer dranbleiben“ ist auch das handlungsleitende Prinzip, wenn es um die Außerkraftsetzung der von den Chaldäern ehemals eingeführten Zeitstruktur der Woche geht. Der staatliche Schutz von Ruhetagen, wie sie die Sonn- und Feiertage ja im Ideal darstellen, ist nach Ansicht der Handelsorganisationen heute nicht mehr zeitgemäß. Ihre Verbandssprecher verlangen staatliche Rahmenbedingungen, bei denen jeder Staatsbürger in eigener Souveränität entscheidet, wann für ihn persönlich jeweils „Sonntag“ ist. Wird dieses Ansinnen zur gesellschaftlichen Praxis, steht die Abschaffung des Jahres als nächster Schritt ins Haus. Dann werden alle Bürger und Bürgerinnen auch von dem Zwang „erlöst“, nur einmal im Jahr, und das auch noch zu einem festgelegten Datum, Weihnachten oder Ostern feiern zu können. Von „Mobilmachungskultur“ spricht Sloterdijk in diesem Zusammenhang. Er beschreibt mit dieser treffenden Vokabel die zunehmende Intensivierung und die Vergleichzeitigung möglichst aller gesellschaftlichen Abläufe. Spätestens bei einem der nächsten Eskalationsschritte dieser Zeit-Dynamik stellt sich eine Frage, die auch bereits Hamlet quälte:

„Was gibt's, dass diese schweißbetriefte Eil'
Die Nacht dem Tag zur Gehilfin macht?
Kann mich jemand belehren?“

Man kann. Es sind in erster Linie zwei maßgebliche Interessenlagen, die für die „schweißbetriefte Eil“ der Rund-um-die-Uhr-Gesellschaft verantwortlich gemacht werden können. Da ist zum einen das Interesse all jener, die, von ihren Gewinnabsichten motiviert, in der traditionellen Zeitordnung bisher nicht ausgeschöpfte wirtschaftliche Wachstumspotentiale entdecken. Deren Ausbeutung und Aktivierung erwartet man von einer zeitlichen Ausdehnung der Arbeit wie auch der Dienstleistungen und des Konsums. Andererseits erhofft sich aber auch eine wachsende Anzahl von Bürgern und Bürgerinnen durch zeitliche Entgrenzungen eine Steigerung ihrer Erlebnis-, ihrer Unterhaltungs-, ihrer Konsum- und ihrer Einkommensmöglichkeiten.

Die Nonstop-Produktion ist die radikale und konsequente Umsetzung der ökonomischen Leitformel: „Zeit ist Geld“ in die Handlungsanweisung, „alle Zeit in möglichst viel Geld umzuwandeln“. Die Ausweitung der Betriebszeiten ist ebenso dieser Logik zuzurechnen wie deren Verdichtung. Das Ziel solcher Intensivierungsstrategien ist es, alle „leeren Zeiten“ tunlichst auszuschalten. Überall dort, wo Zeit noch nicht ökonomisch genutzt wird, wo Zeitareale des wirtschaftlichen Brachlandes vermutet oder entdeckt werden, sucht man weitere Expansions- und neue geldwerte Erfolgsmöglichkeiten. Darüber hinaus wird diese Tendenz vom internationalen Wettbewerbsdruck, der in seiner globalisierten Form die Differenzen von Tag und Nacht längst aufgehoben hat, unterstützt. Er zwingt die weltweit operierenden Unternehmen dazu, ihre Aktivitäten zu keiner Zeit ruhen zu lassen.

Nationale Zeitordnungen stellen aus dieser Sicht genauso Konkurrenzhemmnisse dar wie lokale Traditionen, Mentalitäten sowie soziale und natürliche Zeitvorgaben. Zusätzlich verstärkt die wachsende Kapitalintensität in den Betrieben den Ausdehnungsdruck auf die Arbeits- und Geschäftszeiten. Knappe und teure Ressourcen, wie sie Kapital und Know-how darstellen, lassen sich durch den Nonstop-Betrieb einer längeren und intensiveren Nutzung zuführen. Die Statistiken belegen diese Entwicklung. Sie signalisieren eine deutliche Ausdehnung der Betriebszeiten (Maschinenlaufzeiten, Öffnungs- und Bereitschaftszeiten) und auch längere Arbeitszeiten (insbesondere von Selbständigen und hochqualifizierten Arbeitskräften).

Sowohl der internationale als auch der nationale Wettbewerb findet immer häufiger als Zeit-, nicht nur als Preiswettbewerb statt. Vorteile haben dabei jene Unternehmen, die mehr Zeitanteile als ihre Konkurrenten ökonomisch nutzen können. Es ist heute ein wichtiger Wettbewerbsvorteil, schneller als andere Konkurrenten reagieren und zu jeder Tages- und Nachtzeit liefern können. Wer in einer globalisierten Welt als Erster auf dem

Markt sein will, darf nicht ruhen, nicht schlafen und auch nicht abschalten; er muss 24 Stunden und 7 Tage die Woche aktiv und präsent sein.

Damit dies nicht nur ein ökonomischer Traum bleibt, wurde inzwischen eine breite Hochgeschwindigkeits-Infrastruktur erfunden, weiterentwickelt und bereitgestellt. Maßgeblich profitierten davon die Verkehrs- und die Kommunikationstechnologien, die auch als Motor für die Dynamik des Nonstop-Prinzips fungieren. Hatte bereits die Einführung der Eisenbahn zur Folge, dass Ortszeiten durch nationale Standardzeiten abgelöst wurden, so hat der Flug-, aber noch mehr der Datenverkehr die nationalen Zeitordnungen inzwischen faktisch außer Kraft gesetzt. Der Raum hat als strukturprägende Kraft an Einfluss massiv eingebüßt. Wir bewohnen heute nicht mehr Räume sondern Zeiten. Anwesend und abwesend kann man gleichzeitig sein. Nicht mehr den Raum, sondern die Zeit gilt es heutzutage zu bewirtschaften. Solcherart ökonomisierte Zeiten sind in der Logik des Kapitals immerzu knapp, sodass der ökonomische Druck weiter steigt, noch mehr ausbeutbare Zeitressourcen zu suchen, zu finden und zu erschließen. Dieser Expansionsprozess ist zu Beginn des 21. Jahrhunderts in vollem Gange. Die Folge ist die Intensivierung der Zeit und der Zeiterfahrung in Form der Vergleichzeitigung. Globalisierte Gleichzeitigkeit ist das Ziel, das eine größer werdende Anzahl von Unternehmen nicht nur anstrebt, sondern, zumindest in Teilbereichen, auch schon erreicht hat.

Insbesondere das Internet unterstützt diese Dynamik. Sie geht mit einer weltweiten Vernetzung einher, die wiederum die permanente und grenzenlose Verfügung über Güter, Informationen und Arbeitskräfte erleichtert. Der Wertpapierhandel liefert dafür das offensichtlichste Beispiel. Es existiert keine Zeit mehr, an der nicht an irgendeiner Börse dieser Welt gehandelt werden kann. Dies hat zur Folge, dass die Kursentwicklungen vor Ort nicht mehr allein von den lokal getätigten Wertpapiergeschäften beeinflusst werden, sondern primär von jenen Dynamiken, die an anderen Börsen dieser Welt gerade stattgefunden haben oder zur gleichen Zeit stattfinden. Die Kredit-, die Währungs- und die Termingeschäfte haben sich genauso wie die Börsenkurse von der Warenwirtschaft abgetrennt und erlangen hochspekulative Eigendynamiken.

Dies hat auch den Effekt, dass die Bauern, die heute in erheblich geringerem Umfang als früher von den Jahreszeiten und vom Wetter abhängen, zunehmend von den Transaktionen an den weltweiten Warenterminbörsen betroffen sind. Auch für diesen traditionellen Berufsstand sind neue Zeiten angebrochen. Sie zwingen die in der Landwirtschaft Tätigen dazu, nicht nur in der Nacht zu arbeiten, sondern möglichst dabei auch noch einen Laptop auf dem Traktor mitzuführen. Ebenso können sich die zur Nahrungsmittelproduktion gehaltenen Tiere ihrer Rund-um-die-Uhr-Nutzung nicht mehr entziehen. Die Hühnerzucht hat diesbezüglich große „Fortschritte" zu vermelden. Legt ein wildlebendes Huhn gerade mal zwölf bis fünfzehn Eier im Jahr, so erfreut uns das zur Eierproduktion genutzte mit einem dreißigfachen Erfolgserlebnis. Dass dies gelingt, verdanken wir den Möglichkeiten, in das Zeitsystem des natürlichen Legezyklus beim Federvieh einzugreifen. In der Süddeutschen Zeitung (April 2001) wird dies dokumentiert:

„In Großanlagen werden die Hennen zunächst mit einer Lichtintensität bestrahlt, wie sie für den Frühling und Herbst charakteristisch ist. Vor Ostern jedoch steigt die Beleuchtungsdauer langsam auf 14 Stunden an: Durch den simulierten Sommer werden Hormone aktiv, sodass die Hennen besonders viele und große Eier legen. Damit eine Henne kontinuierlich weiter produziert, werden ihre frisch gelegten Eier immer wieder aus dem Nest entfernt. Um die Eierproduktion an die Nachfrage der Osterhasen anzupassen, werden außerdem zusätzliche Küken aufgezogen, die zur Hochsaison so weit sind, dass sie die meisten und größten Eier legen."

Weit folgenreicher als die Veränderungen bei der Produktion von Eiern sind die Entgrenzungs- und Vernetzungstendenzen auf den Arbeitsmärkten. Speziell gilt dies für Experten und hochqualifizierte Arbeitnehmer. Der globalisierte, verdichtete Flugverkehr stellt dafür ebenso wie der mit Lichtgeschwindigkeit ablaufende Informationstransport im elektronischen Netz die Rahmenbedingungen bereit. Das aber bedeutet, dass nicht nur die Nutzungszeiten der Betriebe und Unternehmen zeitlich und räumlich grenzenlos werden, sondern auch die der Individuen. Das, was bisher „Überstunden" genannt wurde, jene Zeiten, die über die vertraglich vereinbarte Arbeitszeit hinausreichten, wird zur Normalität. Websites kennen keine Stunden, schon gar keine Überstunden, und jene, die sie für sich und andere installieren, auch nicht mehr.

Es sind jedoch nicht nur Unternehmer und Selbständige, die die Realisierung des Nonstop-Prinzips für einen „Fortschritt" halten, auch Subjekte, die ihre Arbeitskraft verkaufen, tun dies. Sie begrüßen es beispielsweise, zu jeder Zeit ihren Hunger und Durst stillen zu können, ohne auf ihren Kühlschrank angewiesen zu sein. Schnellrestaurants, Pizzadienste und Sushi-Läden sorgen dafür, dass sich auch des Nachts die Hunger-Aggressionen in Grenzen halten. Die jederzeitige unverzügliche Wunscherfüllung scheint inzwischen eine in Mitteleuropa mehrheitsfähige Sehnsucht zu sein. „Wir werden rund um die Uhr für Sie da sein", heißt daher auch das viel gehörte Versprechen, das offenbar immer mehr Menschen anspricht.

Längst stellt der natürlich-kosmische Rhythmus von Tag und Nacht keine maßgebende Richtschnur mehr für das individuelle und das soziale Verhalten dar. All die vielen, die sich des Internets bedienen, haben sich von solch zeitlichen Begrenzungen „befreit". Das Internet nämlich kennt keine Zeitordnung mehr. „Always online" möchten immer mehr Menschen sein. Sie wollen live dabei sein können, wenn in fernen Ländern zu den ehemals traditionellen Schlafenszeiten Autorennen, Fußballspiele,

Boxkämpfe oder sonstige „Events“ stattfinden. Dort wo die Aktivitätskultur regiert – Paul Virilio nennt sie eine „Diktatur der Bewegung“ – herrscht das Prinzip der beschleunigten Zunahme von Ereignissen pro Zeiteinheit. „Rock around the clock“ nennt sich die musikalische Version dieser Dynamik.

Der Wirtschaftswissenschafter Milton Friedman hat den Imperativ für das Nonstop-Prinzip aus ökonomischer Sicht formuliert: „Alles monetarisieren, was monetarisierbar ist und monetarisierbar machen, was es noch nicht ist.“ Dabei kann sich Friedman sowohl auf das Pauluswort: „Drum kaufet die Zeit aus“ stützen wie auch auf die Vorhersage von Karl Marx, der die immer „dichtere Ausfüllung der Poren der Zeit“ prognostizierte. Eine solche Welt hat 24 Stunden und 7 Tage die Woche geöffnet, und sie geht, im Gegensatz zu dem griechischen Philosophen Aristoteles, davon aus, dass die menschlichen Bedürfnisse keine Grenzen kennen.

Die Dynamik der Nonstop-Gesellschaft folgt dem ökonomischen Prinzip der „Zeit-ist-Geld“-Logik. Deren Akzeptanz ist jedoch letztlich davon abhängig, inwieweit es gelingt, sie mit einer das Sehnsuchtspotential der Subjekte ansprechenden Idee zu verknüpfen. Als überaus erfolgreich stellt sich in dieser Hinsicht das Versprechen heraus, über die Spielräume von Raum und Zeit jeweils subjektiv entscheiden zu können. Roland Kaiser, einer jener Schlagersänger, der die Sehnsüchte der Menschen anzusprechen und profitabel zu vermarkten wusste, trat 1985 vor sein Millionenpublikum und verkündete: „Engel haben niemals frei.“ Wenn dem so wäre, dann führte der Weg, bereits auf Erden den Status eines Engels erlangen zu dürfen, über die Einführung der Nonstop-Gesellschaft. Zusätzlich ließe sich dann auch noch die Illusion ausbauen, der permanent drohenden Sterblichkeit endlich entfliehen zu können.

In dieser Hinsicht haben manche bereits Fortschritte ausgemacht. Es realisiert sich in einem „atemberaubenden Tempo ein

Traum", so lässt sich beispielsweise im Compaq-Magazin „Q" (April 1998) lesen, der Traum, „die ganze Welt mit einem Klick, 24 Stunden am Tag und 7 Tage die Woche zur Verfügung zu haben". Im Cyberspace, so kann man diese phantastische Realität nur interpretieren, mutieren alle Nutzer zu engelsgleichen Wesen, die von der bisher unumgänglichen Orts- und Zeitgebundenheit befreit sind. Paradiesische Zustände sind zu erwarten. Denn das Paradies, aus dem die Menschen einstmals zu ihrem Leidwesen vertrieben wurden, kannte ja auch keinen Ladenschluss und auch keine fixen Arbeitszeiten. Gott zumindest ähneln, ihn eventuell sogar ablösen zu können, das ist jene energiegeladene Motivation, die viele Menschen immer schon zu beispielloser Mobilmachung angeregt hat. Das Schicksal, das Faust widerfuhr, sollte ihnen dabei jedoch eine Lehre sein. Das Nonstop-Angebot des gefallenen Engels mit Namen Mephisto, das dieser ihm macht, klingt äußerst attraktiv:

„Euch ist kein Maß und Ziel gesetzt.
Beliebt's euch überall zu naschen,
Bekomm' euch wohl, was euch ergetzt.
Nur greift mir zu und seid nicht blöde!"

Aber Vorsicht! Bei aller Attraktion: Man sollte nicht übersehen, dass es sich hier um eine teuflische Offerte handelt. So wäre es auch töricht, die Augen vor den Folgen der Nonstop-Gesellschaft zu verschließen. Mit der Abschaffung des Dunkels lassen sich die Schattenseiten in dieser Welt nicht eliminieren. Die Rund-um-die-Uhr-Beleuchtung erzeugt neue dunkle Stellen. Eine Welt, die die Illusion pflegt, sich mittels ihres technisch gestützten Fortschritts von Gott und vom Teufel emanzipieren zu können, hat auch damit zu rechnen, dass sie weder Gott noch den Teufel wirklich los wird.

Die zweite große Sehnsucht, die der Endlosigkeit des Nonstop eine hohe Attraktivität und viel Akzeptanz verleiht, besteht in dem Vorhaben, der eigenen zeitlichen Endlosigkeit näher zu kommen. Aber allen Hoffnungen zum Trotz wird der Mensch sich auch weiterhin zu Tode leben. Immer weitermachen, das ist und bleibt eine schöne Lüge, zu der sich die Menschen nur allzu gerne verführen lassen. Spätestens jedoch, wenn der eigene Tod absehbar ist, wird man zur Erkenntnis gezwungen, dass es sich bei den Angeboten der Nonstop-Kultur nicht um die Überwindung der Endlichkeit handelt, sondern viel eher um deren Verschärfung. Die Rund-um-die-Uhr-Gesellschaft befreit letztlich nicht vom Zeitdruck, vor dem absehbaren Ende noch viel tun und erleben zu wollen. Sie erhöht die Hetze und das Gerenne – solange zumindest, wie der Mensch endlich bleibt. Denn die Nonstop-Offerten befriedigen nur dann, wenn für das Menschenleben ebenso das Nonstop-Prinzip gelten würde. Da Menschen aber sterblich sind, führt die Endlosigkeit der Wunscherfüllung zu weiterem, zu größerem Zeitdruck. Eine Existenz nach dem Prinzip: „Alles hat kein Ende, nur der Mensch hat eins" gleicht daher einer Verurteilung zur permanenten Raserei.

Die Nonstop-Gesellschaft und ihr Preis

Was Himmel, was Hölle, was Fortschritt, was Rückschritt, was hell und was dunkel ist, das lässt sich in Zeiten der Postmoderne nicht mehr deutlich konturieren. Die Lage ist diffus geworden, die Situation unübersichtlich, die Bewertungen und Einschätzungen uneinheitlich. Dieser Sachverhalt verbietet es, die Nonstop-Gesellschaft schlicht danach zu beurteilen, ob es sich bei ihr um einen Fort- oder einen Rückschritt handelt, ob die Wege dorthin richtig oder falsch sind.

Die als problematisch einzuschätzenden Folgen der Nonstop-Gesellschaft findet man zuallererst dort, wo auch die größten Erfolge verlautbart werden, im Wirtschaftssektor. Darüber hinaus zeigen sie sich in den einschneidenden Veränderungen des sozialen Lebens. Und sie beeinflussen die Lebensqualität der Menschen.

Das Deutsche Institut für Urbanistik hat die Problematik der Nonstop-Dynamik untersuchen lassen (Eberling/Henckel, 2002): Zu den bedrohlichen wirtschaftlichen Folgen zählen die Autoren in erster Linie die Zusatzkosten, die die Strategie der Ausdehnung der ökonomischen Aktivität in die Nacht hinein erfordern. Zu erwähnen sind dabei Kostensteigerungen durch Einkommens- und Lohnzuschläge und durch erhöhte Produktionsausfälle aufgrund von Übermüdung, Unaufmerksamkeit und wachsender Unfallgefahr.

Diese auch quantitativ nicht zu unterschätzenden Zusatzaufwendungen werden zum Teil der Gesellschaft und der Gemeinschaft der Versicherten aufgebürdet. Sie schlagen sich schließlich in höheren Steuern, wachsenden Sozialabgaben und steigenden Versicherungsprämien nieder. Wer nonstop aktiv ist, nonstop produziert und konsumiert, aber auch immerzu Lernveranstaltungen besucht, macht auch nonstop Fehler. Dafür gibt es Belege in genügender Zahl. Schon 1993 machte der amerikanische Experte für Arbeitsorganisation Martin Moore-Ede auf einige Risiken aufmerksam, die von einer Tendenz zur Pausenlosigkeit forciert werden: Die gesellschaftlichen, sozialen und technischen Systeme werden dabei vielfach überfordert. In noch breiterem Maße geschieht dies mit den körperlichen Kräften und den geistigen Fähigkeiten der Subjekte. In individuellem Versagen, in schweren Unfällen und anderen Katastrophen werden die Effekte der Überforderung menschlicher Organismen offensichtlich. Insofern ist der Angriff auf die tages-, wochen- und jahresrhythmischen „Leerzeiten" als ein hochproblematisches Großexperiment zu verstehen, dessen Ausgang nicht nur hoffnungsfroh entgegengesehen werden kann.

Nahezu alle großen Katastrophen der letzten Jahrzehnte, das Reaktorunglück von Three Miles Island (USA), die Explosion des Kernkraftwerkes in Tschernobyl (ehem. UdSSR), das Tankerunglück der Exxon Valdez (USA), der Chemieunfall in Bhopal

(Indien) sind, so Moore-Ede, maßgeblich durch die Übermüdung des Kontrollpersonals ausgelöst worden. Bei allen lag der Ausgangszeitpunkt ihrer zerstörerischen Dynamik in der Nacht. Dort, wo die Absicht dominiert, möglichst alle nicht genutzten Bereiche einer wirtschaftlichen Verwendung zuzuführen, muss mit steigenden kostenrelevanten Risiken gerechnet werden. So etwa wurde beispielsweise in jüngster Zeit festgestellt, dass durch die Bestellung von Waren per Internet auf die Auslieferer der gewünschten Güter massiver Zeitdruck ausgeübt wird. Kunden wollen nämlich nicht nur schnell bestellen, sondern das Bestellte dann auch ebenso rasch erhalten. Das hat nicht selten fatale Folgen: Die von den Lieferanten genutzten Kleintransporter, die bis zu 180 km/h fahren können, sind, laut Statistik, überproportional in Unfälle verwickelt, meist als Unfallverursacher. Dabei starben allein in Deutschland im Jahr 2001 zweihundert Menschen. Die unter Lieferanten- und Kundendruck stehenden Fahrer sind häufig übermüdet, fahren viel zu schnell und nehmen sich zu wenig Zeit, um ihre Ladung rutschsicher zu verstauen. Angemessene Geschwindigkeit, Ladungssicherung und Konzentrationsfähigkeit werden vielfach dem ökonomischen Druck, der primär vom Prinzip der Kundenorientierung und der Konkurrenz ausgeht, geopfert. Die Kosten – sofern sie monetarisierbar sind – trägt die Solidargemeinschaft der Auto- und Krankenversicherten. Die Folgen dieses unsozialen betriebswirtschaftlichen Verhaltens werden sozialisiert. Eine nicht eben als „sozial“ zu bewertende Praxis.

Die Wirtschaft reagiert mit Nonstop-Aktivitäten auf den gestiegenen globalen Wettbewerbsdruck – und steigert ihn dadurch weiter. Daher haben die jeweils erreichten Produktivitätsvorteile durch die längeren Produktionszeiten und die zeitlich größere Ausweitung von Dienstleistungsangeboten in die Nacht hinein nur kurzfristigen Bestand. Sie werden durch entsprechende Reaktionen der Konkurrenten rasch wieder zunichte gemacht. Das hat dann u. a. zur Folge, dass auf so genannte „weiche“ Produktionsfaktoren, wie etwa die Entwicklung eines sozialen Arbeitsklimas, nur mehr wenig Rücksicht genommen wird. Was dann wiederum die Arbeitsproduktivität im Betrieb in Gefahr bringt und zu zusätzlichen kostenintensiven Anstrengungen führt, um diese wieder zu stabilisieren. Die Unternehmen begeben sich so in eine Kostenspirale, die durch eigene Anstrengung allein schließlich nicht mehr begrenzt werden kann.

Der volkswirtschaftliche Preis

Volkswirtschaftliche Kosten, die der Nonstop-Tendenz zuzuschreiben sind, findet man in erster Linie bei den ökologisch problematischen Effekten. Für den Ausbau der Rund-um-die-Uhr-Aktivitäten müssen zusätzliche Transportwege und Verkehrsflächen bereitgestellt und bisherige müssen erweitert werden. Das führt zu einem nicht unerheblichen Mehrverbrauch an Flächen. Außerdem fallen aufwändige und kostenintensive neue Infrastrukturmaßnahmen an. Ebenso sind steigende Aufwendungen für Sicherheitsmaßnahmen die Folge. Überproportional wächst auch der Energieverbrauch, dessen ökologisch tolerierbare Grenzen bereits seit längerer Zeit erreicht und überschritten werden. Da aber von den unter Wettbewerbsdruck stehenden Unternehmensleitungen nur relativ wenig Aktivitäten im Hinblick auf eine Begrenzung der kostenrelevanten Aspekte zu erwarten sind, muss die Politik mit den ihr zur Verfügung stehenden Steuerungsinstrumenten reagieren. Immer weniger genügt dabei eine politische Strategie, die sich nur auf das nationale Umfeld beschränkt. Die Dynamiken der Nonstop-Gesellschaft sind nämlich grenzüberschreitend und die Folgeprobleme sind es daher auch. Sie lassen sich – wenn überhaupt – nur international steuern und begrenzen.

Der soziale Preis

Seit mehr als 200 Jahren, seit Beginn der Industriegesellschaft, wird der Fortschritt maßgeblich an dem Sachverhalt festgemacht, dass es gelingt, das Zeitmuster des Taktes an die Stelle naturbezogener rhythmischer Kreisläufe zu setzen. Die Koppelung der Zeit an das abstrakte Medium „Geld“ ließ die Zeit warenförmig werden. Zeiteinheiten wandelten sich zur weltweit gültigen Währung und damit zum zentralen Element des ökonomischen Kalküls. Diese Entwicklung hat eine entscheidende Verschiebung der Wertigkeit der Zeit zur Folge: Zeit, die nicht in Geld verrechnet werden kann, gilt als wertlos. Sie fällt ins Schattenreich der industriellen Welt. Für den individuellen und den gesellschaftlichen Umgang mit der lebenden Mitwelt hat dieser Perspektivenwechsel gravierende Folgen. Wenn Zeit nämlich Geld ist, dann werden aus Ruhezeiten und aus Pausen unproduktive Zeiten, dann gelten diese „Leerzeiten“ als „verlorenes“ Geld. Daher müssen die Zeiten der Natur und die des Sozialen immerzu und überall der Geldwert schöpfenden Beschleunigung weichen. So wird im Namen von Effizienz und Wettbewerb heutzutage allzeit produziert, informiert und konsumiert, wird pausenlos verwaltet und gestaltet, wird nonstop angeboten, gehandelt und verkauft. Alles das, was diesem Imperativ nicht gehorcht, gerät früher oder später unter Zeit-Druck.

Eine mit hoch getakteten Flexibilitätsansprüchen ausgestattete Rund-um-die-Uhr-Gesellschaft löst schließlich die ehemals homogenen sozialen Lebenswelten auf. Die betriebliche Zeitökonomie, die tendenziell pausenlos funktioniert, nimmt keine Rücksicht auf die Zeitmuster traditioneller sozialer Organisationsformen, wie sie Vereine, Familien und Lebensgemeinschaften darstellen. Zeitinstitutionen wie der werktägliche Feierabend, das Wochenende und Feiertage geraten als kollektives Gut zunehmend unter Druck und fallen tendenziell der Allzeit-Nutzung ökonomischer Rationalität zum Opfer. Ebenso leidet jenes gesellschaftliche Engagement von Bürgern und Bürgerinnen, das auf Kontinuität und langfristige Verbindlichkeit angewiesen ist. Wer trotzdem an langfristigen Bindungen festhalten will, benötigt dazu einen immer größer werdenden Koordinationsaufwand. Dieser führt nicht selten dazu, dass ein beabsichtigtes soziales Engagement wegen Überlastung völlig eingestellt wird.

Statistisch gut belegbar ist die Familienfeindlichkeit der Nonstop-Gesellschaft. In Großstädten – wie zum Beispiel in München – leben nur in weniger als 15 Prozent der Haushalte Kinder. Jährlich werden steigende Scheidungsraten publiziert. Die Rund-um-die-Uhr-Gesellschaft wird, so sieht es aus, eine Gesellschaft von Alleinlebenden sein, die in relativ rasch wechselnden Wohngemeinschaften ihre sozialen Grundbedürfnisse befriedigen. Keine guten Aussichten für zukünftige Erfolgserlebnisse von Familienpolitikern.

Die Ausweitung der Aktivitätszeiten bis zum Anschlag löst sukzessive all jene Zeiten auf, die man „verortete Zeiten" nennt (Bräuche, Feste, Rituale, Feiertage). Der Kalender, ehemals wichtigstes Instrument zeitlicher Koordination, verliert weiter an sozialer Bedeutung. Die Woche als zentrale kulturelle Zeitinstitution wird, wie dies ja im Internet bereits Realität wurde, irrelevant. Sozialzeiten im Freundeskreis, in der Familie, in der Fürsorge, in der Pflege bedürfen eines aufwändigen Managements, das nicht selten mit Zusatzkosten (Beratung) verbunden ist. Immer mehr Familien vereinbaren, von Beratern dabei unterstützt, wöchentliche Familientreffen, um nicht völlig aneinander vorbeizuleben. Das kostet sie schließlich immer mehr von jener Zeit, die sie immer weniger haben und zunehmend seltener bekommen.

Es ist daran zu erinnern: Soziales Leben, das seinen Namen verdient, braucht Zeitmuster, die mittel- und langfristigen Regeln folgen und hierdurch Wegweiser der Orientierungen bereitstellen. Darüber hinaus aber braucht das Soziale Sphären des Nutzlosen. Das sind zuallererst Zeiten, die nicht von der „Zeit ist Geld"-Logik durchdrungen sind. Die Rund-um-die-Uhr-Bewirtschaftung stellt solche Zeiträume jedoch immer seltener bereit.

Wilhelm von Humboldt (1960, 392) hat lange vor der Einführung des Nonstop-Prinzips davor gewarnt: „Nicht bloß der einzelne Mensch in seinem Privatleben, auch die ganze Menschheit in ihrem weiten und verwickelten Lauf muss von Zeit zu Zeit still stehen und sich orientieren."

Die Qualitäten des sozialen Lebens, das zeichnet sich heute deutlich ab, werden reduziert, besonders dann, wenn die Wirtschaft keine Zonen der Ruhe mehr kennt und alle Ruhezeiten ökonomisch kolonisiert. In der Frankfurter Allgemeinen Zeitung (4. 7. 1998) beschreibt Hermann Simon die Ausgrenzungsdynamiken der Nonstop-Ökonomie. „Bequemer wird das Leben in der 24-Stunden-Gesellschaft also nicht, denn die Globalisierung klopft auch hier an die Tür. Aber spannender und lebendiger wird's allemal. Den Schnellen gereicht's zum Vorteil, die Langsamen erwischt es." Soll dieser Fortschritt nicht auch ein zivilisatorischer Rückschritt sein, dann müssen sich die Gesellschaft und die Gemeinschaften um jene Menschen kümmern, die es „erwischt". Zusatzkosten, Mehraufwand sind dabei unvermeidbar und unerlässlich.

Es geht also bei der Einführung der Nonstop-Gesellschaft nicht ausschließlich um Fragen des Wirtschaftswachstums oder des Erhalts bzw. des Ausbaus von Güterwohlstand. Es geht, und das wird derzeit zu wenig beachtet, auch um Grundfragen der Gestaltung unserer Lebenskultur, und es geht um die Pflege und die Entwicklung jener sozialen Systeme, die humanen Maßen und menschlichen Bedürfnissen entsprechen. Kant hat darauf hingewiesen, dass sich die Menschen nicht ins Unendliche zerstreuen können, sondern sich nebeneinander dulden müssen (vgl. Safranski 2003, 47).

Der Preis für die Subjekte

Dass Menschen rhythmisch gesteuert sind, dass sie nicht ohne Rücksicht auf ihre biologische Ausstattung existieren können, ist eine allseits bekannte Tatsache. Dazu zählt auch die Einsicht, dass Lebewesen, im Gegensatz zum sozialen System „Ökonomie", nicht nonstop aktiv sein können, und dass sie, wollen sie ihre Gesundheit nicht entscheidend gefährden oder als „Schwachstelle“ ihr Dasein im voll vernetzten elektronischen System führen, auf einen lebendigen Rhythmus von Aktivität und Ruhe angewiesen sind. Diesen jedoch bietet eine Rund-um-die-Uhr-Organisation zunehmend weniger als Lebensumwelt an. Den lebensnotwendigen Rhythmus müssen sich die Subjekte in postmodernen Zeiten selbst organisieren. Sie sind gezwungen, ihre Natur, ihr humanes Zeitmuster, gegen die Anforderungen des Wirtschaftssystems zu verteidigen – und zwar nonstop.

Die nicht einzuhaltenden Versprechen, durch die Ausweitung zeitlicher Aktivitätszonen mehr Zeit gewinnen zu können und von den Mühen dieser Welt befreit zu werden (mit dem z. B. die Ausweitung der Öffnungszeiten angepriesen wird), ist höchst ambivalent. Die Zeit die man nämlich vermeintlich gewinnt oder geschenkt bekommt, verbraucht man dann wieder, um die gewonnenen, zusätzlichen Freiheiten in eine sozial- und subjektverträgliche Zeitordnung neuerlich zu integrieren.

An einem sich täglich wiederholenden Ereignis wird dies sichtbar: Es ist noch nicht allzu lange her, dass unseren Vorfahren durch die untergehende Sonne der Weg ins Bett gewiesen wurde, während die aufgehende Sonne sie dann wieder daraus vertrieben hat. In der zweiten Hälfte des 20. Jahrhunderts wurde, was das Signal zur Nachtruhe betraf, der Sonnenuntergang vom Sendeschluss des Fernsehens abgelöst. Heute, wo es keinen Sendeschluss mehr gibt, müssen wir uns, wenn es um die Entscheidung geht, wach zu bleiben oder sich hinzulegen, selbst zur Ruhe auffordern. Wer heute guten Gewissens ins Bett geht, braucht einen Grund, besser mehrere. Das schlichte Naturereignis, dass die Sonne am Horizont verschwindet, reicht nicht mehr aus. Die Fernsehanstalten liefern auch keine bildlichen Argumente mehr, um sich bei ihnen nicht weiterhin zu langweilen. Wer halbwüchsige Kinder hat, kennt die lästige, protesthaltige Fragerei nur allzu gut: „Warum soll ich denn jetzt schon ins Bett?“ Ja, warum eigentlich? Eltern sind und werden gezwungen, sich etwas zu überlegen. Aber nur selten sind die Kinder mit den elterlichen Antworten zufrieden. Dieser Rechtfertigungszwang, wie viele andere Zwänge auch, sind ein nicht zu vernachlässigender Preis, der zu zahlen ist, seitdem sich die Überzeugung verbreitet hat, man könne über die Zeit jederzeit frei entscheiden und verfügen.

Die Nonstop-Gesellschaft ist tendenziell schlaflos. Schlafforscher warnen vor dieser Entwicklung, die bereits auffällige Spuren hinterlässt. Die Dienstleistungs- und die Unterhaltungsangebote, die rund um die Uhr offeriert und konsumiert werden, auch die für eine pausenlose Produktion unabdingbare Flexibilität der Arbeitnehmer und Arbeitnehmerinnen bringen den lebensnotwendigen Schlaf-Wach-Rhythmus der Subjekte zunehmend häufiger aus dem Gleichgewicht. Die Folgen sind wissenschaftlich gut erforscht: Herzrhythmusstörungen, Bluthochdruck, Schlafstörungen und Leistungsabfall. Eine wachsende Anzahl von Personen, speziell solche mit „hoher Kaufkraft“, sieht inzwischen den Schlaf nicht mehr als „Grünfläche“ der Tagesgestaltung, sondern als Luxus an, mit dem man sparsam umgehen sollte.

Obgleich eine wachsende Zahl der 20- bis 40-jährigen von sich behauptet, den Schlafmangel, den sie sich leisten bzw. leisten müssen, relativ problemlos wegstecken zu können, beweisen wissenschaftliche Forschungen, dass solcher Eindruck täuscht und nicht dem Zustand der realen Leistungsfähigkeit entspricht.

Ein Wissenschaftler-Team an der Universität von Pennsylvania stellte beispielsweise fest: Bereits ein geringes Defizit von regelmäßig sechs statt acht Stunden Schlaf pro Nacht setzt die geistige Leistungsfähigkeit deutlich herab. Reaktions-, Gedächtnis- und Rechenleistungen waren nach 14 Tagen genauso verringert wie bei Personen, die eine ganze Nacht nicht geschlafen hatten. Trotzdem fühlten sich die Menschen mit chronischem Schlafmangel längst nicht so müde wie diejenigen, die eine Nacht nicht geschlafen hatten. Sie hatten vielmehr den subjektiven Eindruck, sich an das Defizit angepasst zu haben. Sie nahmen offenbar ihre tatsächliche Müdigkeit nicht richtig wahr, vermuten die Forscher (Süddeutsche Zeitung 8.4.2003).

Derartige Fehleinschätzungen steigern die Unfallgefahr beträchtlich. Statistiken berichten von volkswirtschaftlichen Schäden in Höhe von 10 Milliarden Euro (in Deutschland). Die USA kosten die Unfälle und Fehlentscheidungen, die durch Übermüdung verursacht werden, sogar 16 Milliarden Dollar, darüber hinaus auch noch 25 000 Todesopfer und 2,5 Millionen Schwerverletzte (vgl. Coren 1999). Britische Wissenschaftler stellten fest, dass eine geringere Schlafmenge als acht Stunden täglich auf längere Zeit zu größeren Intelligenzverlusten führt. Der Nescafé-Werbung „Immer schön wach bleiben!" ist daher Skepsis entgegenzubringen. Jene, die sich zwingen (müssen), wach zu bleiben, und dafür gerne zu den diversen Mitteln aus der Apotheke greifen, gehen das Risiko ein, ihr hinzuverdientes Geld zukünftig für Einschlafmittel wieder ausgeben zu müssen. Die Statistiken belegen auch diesen Sachverhalt nachdrücklich: Nach Angaben des Bundesfachverbandes der Arzneimittel-Hersteller (BAH) verschrieben deutsche Ärzte 1998 rund 300 Millionen Tagesdosen an Schlaf- und Beruhigungsmitteln im Wert von 288 Millionen Mark. Hinzu kommen frei verkäufliche Mittel wie Baldrian oder Johanniskraut, mit denen die Pharma-Branche 1999 (laut BAH) fast 450 Millionen Mark umgesetzt hat.

Billig wird die Nonstop-Gesellschaft also nicht, und wenn sie – und ganz so sieht es aus – teuer werden wird, muss schließlich noch länger gearbeitet werden, um die gestiegenen Kosten zu decken. Was dann schließlich wieder zu weiteren Kostensteigerungen führt. So gesehen entscheiden wir uns bei einer Rund-um-die-Uhr-Gesellschaft für eine Art Kosten- und Belastungs-Steigerungskaskade, die den Subjekten und der Gesellschaft nicht ausschließlich gut bekommt (vgl. dazu auch Zulley/Knab 2002). Schopenhauer, der davon noch nichts wusste, sorgte sich bereits relativ früh um unser Wohlergehen, als er lange vor der postmodernen zeitlichen Expansionsdynamik darauf aufmerksam machte, dass zu unserem Glück das Leben in Tage und Nächte unterteilt und durch den Schlaf unterbrochen sei. „Gäbe es keinen Schlaf, so wäre das Leben unerträglich, wir wären nicht fähig, Freude zu empfinden. Die Totalität des Seins zu erfahren ist uns unmöglich. Daher ist uns alles schrittweise gegeben". (Schopenhauer zit. nach Borges J., 278).

Auch Goethe sah, im Gegensatz zu einigen heute lebenden Ökonomen, im schlafenden Menschen kein Mängelwesen. Der Schlaf war für ihn nicht etwa ein Indiz für menschliches Versagen, sondern „süßer Götterbalsam" (Goethe 1996, 238). Im Zusammenhang mit den ökonomischen Aktivitäten zur zeitlichen Ausweitung wirtschaftlicher „Kampfzonen" kann man dagegen leicht zum Eindruck kommen, der Schlaf wäre nichts weiter als eine Art der Geldverschwendung. Theodor Fontane hätte solches Fortschrittsverständnis mit ironischer Skepsis konfrontiert. „Elektrisch beleuchtete Barbaren", so befürchtete er, könnten schließlich dabei herauskommen. Bestätigt in seiner Vorahnung hätte sich Fontane durch die Anzeige von „Intel online services" fühlen können: „Das Internet schläft nie, macht nie Mittag, geht nicht in Urlaub. Die Mitarbeiter von „Intel online services" sind genauso exakt wie die Technik, mit der sie arbeiten. Das Internet ist völlig unbarmherzig, absolut unnachsichtig und durch nichts zu ermüden. Um die Kontrolle zu bewahren, verhalten sich unsere Mitarbeiter ebenso" (Frankfurter Allgemeine Zeitung).

So also sehen heute unsere Träume aus, Träume, die möglicherweise nur deshalb entstehen, weil man keinen Schlaf mehr findet und diesen auch nicht mehr finden soll. Das kurzschlüssige Plädoyer für die Pausenlosigkeit und die Entmenschlichung wie jenes von „Intel online services" ignoriert die Produktivkraft der Pause (vgl. dazu Geißler 2002). Pausen jedoch sind es, die eine notwendige und unverzichtbare Bedingung für künftige Produktivität überhaupt erst herstellen. Wann, wenn nicht in den Pausen und den Unterbrechungen, könnte man aus Fehlern, die gemacht wurden, etwas lernen?

Im Gegensatz zum Geld kennt die Zeit, zumindest die subjektive Zeit, ein „genug". Die Zeit jedes Menschen hat ein Ende – dann ist's genug, und vorher wird er häufig gewarnt: durch Krankheiten, durch Unfälle und immer öfters auch durch Phasen der Arbeitslosigkeit. Die Grenzen des Nonstops sind dort erreicht, wenn nicht sogar überschritten, wo der Mensch durch den gestiegenen Zeitdruck und die gewachsene Zeitverdichtung zum Sicherheitsrisiko wird, wenn ihm Müdigkeit und Unaufmerksamkeit als Systemdefekt oder als „menschliches Versagen" zugerechnet werden. Es wäre schließlich fatal, wenn in der Nonstop-Gesellschaft die Subjekte ihre Zeit damit zubringen müssten, ihr Leben und ihre Gesundheit zu retten, weil sie permanent um diese fürchten müssten. Wenn Geschwindigkeit und Vergesslichkeit Geschwister sind (so Kurt Marti), dann gilt dieses enge verwandtschaftliche Verhältnis genauso für die Pausenlosigkeit und die Unachtsamkeit. Vorsicht ist angebracht und empfehlenswert. Zu dieser Vorsicht gehört es auch, immer wieder zu prüfen, ob die Freude über die Zeitfreiheiten der Postmoderne nicht den Glücksgefühlen jenes Vogels gleicht, der bei der Suche nach der Freiheit einen bunten Käfig fand.

Wir fordern nicht Freiheit,
sondern die Illusion der Freiheit.
(E. M. Cioran)

7. Alles sofort – On demand

Die Führungskraft eines Großunternehmens ruft mich eines frühen Nachmittags mit einem dringenden Anliegen an: „Herr Geißler, ich habe ein schwieriges Problem mit einem meiner Mitarbeiter, kann ich die Situation einmal mit Ihnen durchsprechen und könnten Sie mich eventuell bei der Problemlösung beraten?" „Ja, gerne", antworte ich, „wann haben Sie denn Zeit?" Die Reaktion: „Jetzt gleich, weil mein Computer gerade abgestürzt ist!" Diese wahre Begebenheit ist typisch für die postmodernen Zeiten. Sie ist symptomatisch für eine zunehmende Zeitverdichtung, die Eilboten und Expressdienste ersetzt.

Alle sind immerzu in Bereitschaft. Angebote, Dienstleistungen, Informationen stehen jederzeit zum sofortigen Abruf zur Verfügung. Das gilt nicht nur im Hinblick auf technisch gestützte, sondern auch für personale Leistungen. Berater und Beraterinnen beispielsweise sehen sich in diesen Zeiten mit einer steigenden Nachfrage nach Kurzfrist-Konsultationen konfrontiert, ebenso mit zusätzlichen, bisher nicht gekannten Zumutungen. Nicht selten gleichen ihre Aktivitäten den bekannten traditionellen Bereitschaftsdiensten. Sie werden zunehmend häufiger „on demand", das heißt für den aktuellen Gebrauch angefordert. „Just-in-time" nennt sich diese hochflexible Organisationsstrategie im Jargon der ökonomisch Infizierten. „Just-in-time" bedeutet Produktion und Lieferung auf Abruf. Der geldwerte Vorteil dieses Verfahrens besteht nicht zuletzt darin, bei der Nachfrage nach Leistungen von der Zeit unabhängiger zu werden. Das wiederum setzt voraus, dass die entsprechenden Angebote und Dienstleistungen stets bereitgehalten werden. Märchenhaft ist dieser Zustand. Er gleicht der Geschichte von der jederzeit herbeizurufenden Fee, die eine umstandslose, unmittelbare Wunsch erfüllung garantiert. Da Menschen aber, im Gegensatz zu guten Feen, ab und zu auch müde werden, manchmal auch krank und erholungsbedürftig, stehen sie für die Realisierung vom Traum des „Jetzt-sofort-alles-was-ich-brauche" nicht jederzeit zur Verfügung. Deshalb auch verlassen sich Betriebe bei der Nutzung dieser Strategie bevorzugt auf technische Erfüllungsgehilfen. Die Arbeitslosenzahlen signalisieren es.

„Lebensunternehmer", wie sich die Nomaden der Präsenz gerne nennen, benötigen unentwegt Beratung, da sie sich auf nichts außer auf sich selbst (und ihre Hochgeschwindigkeitstechniken) verlassen können. Den erfragten und erwünschten Rat, den jedoch wollen sie möglichst zu jeder Zeit sofort. An jenen Orten und zu jenen Gelegenheiten, wo die Wunscherfüllung über den Transport von Informationen erreicht werden kann, ist deren Versofortigung – falls die technischen Voraussetzungen gewährleistet sind – auch relativ problemlos möglich. Die mit Echtzeitgeschwindigkeit funktionierenden „Neuen Medien" sorgen dafür. Ganz anders als für den Menschen ist für diese Technologien ein Anruf zu nachtschlafender Zeit, während der Essenszeiten oder gar am Sonntagvormittag keine Zumutung. Wer sich auf elektronischem Weg Rat holt, kann diesen immerzu erfragen und bekommt ihn auch mit Lichtgeschwindigkeit geliefert. Die menschliche Dienstleistung ist gegenüber einem IBM S/390-Server mit Hochgeschwindigkeits-Kupferchips sehr langsam. Das ist auch der Grund dafür, dass menschliche Berater und Beraterinnen gut beraten sind, wenn sie in naher Zukunft ihre Leistungen als E-Coaching anbieten und sich vorher um eine Ausbildung zum Online-Coach bemühen. Schneller, kostengünstiger und problemloser ist die Netz-Konsultation für die Nutzer allemal. Der Internet-Coach steht zu jeder Zeit, Tag und Nacht und auch sonntags für die digitalen Sprinter in den Chefetagen zur Verfügung. Er kennt keinen Dienstschluss.

Von den antiquierten Mustern kosmischer Zeitvorgaben nimmt inzwischen sogar die katholische Kirche Abschied, speziell dann, wenn es darum geht, den kirchlichen Service kundenorientierter zu gestalten. Sie nutzt beispielsweise die „zeitlosen" Medien, um die Idee eines Instant-Beichtstuhls praktisch werden zu lassen. Eine dpa-Meldung (Süddeutsche Zeitung vom 23. 2. 2000) belegt dies:

Beichtstuhl im Internet lädt Sünder zum Gebet

Jetzt steht auch ein Beichtstuhl im Internet. Die britische Radiostation Premier Christian Radio ermöglicht es reuigen Sündern, direkt am Bildschirm und ohne Umweg über die Kirche ihre Verfehlungen zu gestehen. Unter www.theconfessor.co.uk lädt sie zum Nachdenken und zum Gebet und spendet Trost.

Der Cyberbeichtstuhl eröffnet sich dem Suchenden nach einleitenden Bibelworten. Anschließend kann er entweder ein Standard-Sündenbekenntnis ablegen oder aber auch auf einem vorbereiteten Formular eintippen, was man beichten möchte. Allerdings versichert der Radiosender, dieser Text werde nicht abgeschickt, sondern bleibe nur auf dem Bildschirm des Beichtenden: „Dies bleibt zwischen Gott und Dir." Nach der Beichte können die Internet-Nutzer sich nach einem Korinther-Spruch mit einem anschließenden Gebet wieder verabschieden.

„Unser Beichtstuhl sollte als Mittelpunkt solchen Nachdenkens verstanden werden", meint Peter Kerridge, Leiter von Premier Christian Radio. Der Sender hat nach eigenen Angaben 200 000 regelmäßige Hörer.

Ist das ein Schritt zur Cyber Church? Neben vielen anderen Global Playern macht sich auch die Kirche auf den Weg, die Marktplätze dieser Welt zu erobern. In der Süddeutschen Zeitung (20. 10. 2000) war zum Beispiel zu lesen, dass in der Diözese Münster bereits dreißig Kirchtürme mit Funkantennen ausgestattet sind, in der Erzdiözese Köln schon mehr als fünfzig. Global Player war die Kirche ja schon immer – allerdings noch nicht im Netz. Mit einigen Widerständen aber müssen die Verantwortlichen dieser innovativen Maßnahme voraussichtlich rechnen.

Eine fromme Katholikin aus der Nähe von Parma beschwerte sich jüngst über einen Pfarrer, der während einer Beerdigungszeremonie auf seinem Mobiltelefon angerufen wurde und das Gespräch mit dem in Italien üblichen „Pronto" begann. Hier scheinen sich neue Kulturkämpfe anzudeuten, die aus dem Zusammenprall realer und virtueller Interaktionsformen resultieren. Die Russen sind in dieser Hinsicht schon erheblich weiter. Aus Moskau wird gemeldet (vgl. Saarbrücker Zeitung vom 22. 7. 2003), dass es sich dort in nicht näher beschriebenen Gesellschaftskreisen eingebürgert hat, Verstorbenen während des Begräbnisses eingeschaltete Handys mit leistungsfähigen Akkus in den Sarg zu legen. In der Republik Tartarstan soll es sogar einen äußerst günstigen Friedhofstarif für solche Gespräche mit den Toten geben. Die permanente Abrufbereitschaft wird in diesen Fällen sogar auf das zeitlose Leben ausgedehnt.

Wer sich in Zukunft verstärkt um Weiterbildung und Qualifizierung kümmern möchte, wird zunehmend mit dem Phänomen des „zeitlosen" Zugriffs konfrontiert werden. Eine solche neue Welt der „Versofortigung" macht alle Teilnehmer und Teilnehmerinnen zu „Junkies des ommipräsenten Jetztaugenblicks" (Virilio), zu Simultanten. Keine Erwähnung findet freilich bei der Schilderung dieser schönen neuen Welt des multifunktionalen Lernens der nicht unbedingt erfreuliche Sachverhalt, dass all die vielen Lehrkräfte, die heute noch Lernprozesse mit räumlich anwesenden Personen zu gestalten versuchen, in nicht ferner

Zeit den ganzen Tag lang Zeit haben werden, das angepriesene virtuelle On-demand-Lernerlebens für sich selbst auszuprobieren. Falls sie Glück haben, wird das Arbeitsamt ihre unumgängliche Umschulung dafür finanziell unterstützen. Auch dorthin müssen sie demnächst nicht mehr zu Fuß gehen und auch nicht auf dessen Öffnungszeiten achten. Ein virtueller Ausflug genügt, um jederzeit „on demand" Arbeitslosenhilfe und Umschulungsunterstützung zu beantragen.

Alternativ könnten Lehrkräfte auch als sogenannte „Freelancer" ihren Beitrag zur postmodernen Flexibilitätsgesellschaft leisten. Vierzig Prozent der Erwerbstätigen, so die Prognose jener visionären Statistiker, die sich „Trendforscher" nennen, werden 2010 (das ist demnächst!) ausschließlich nach Bedarf beschäftigt werden. Bezahlt wird solch flexiblen Arbeitskräften ausschließlich der vom Auftraggeber definierte Erfolg, nicht mehr die Anstrengung (Leistung) und schon gar nicht die Zeit der Anwesenheit. Sie werden ein „Leben auf dem Sprung" führen (müssen).

Die On-demand-Angestellten – weniger verklärt auch „Abrufkräfte" genannt – sind auf dem Vormarsch. Das belegen die Statistiken der Zeitarbeitsfirmen, die zu jener Minderheit von Unternehmen zählen, deren Mitarbeiterzahl in diesen Zeiten wächst und die inzwischen, was die Anzahl dort vertraglich gebundenen Personen betrifft, die Spitze der beschäftigungsstärksten Firmen abgeben. Inzwischen werden sogar Führungskräfte und Geschäftsführer für kurzfristige Nachfragen bereitgehalten, ebenso Piloten und Sekretärinnen. Es vergrößert sich die Zahl der Unternehmen, die mit einer kleinen Kernbelegschaft und einer wachsenden Anzahl von Abrufkräften operieren. Dienstleistungsbetriebe wie Kaufhäuser und Zustelldienste liegen bei dieser Entwicklung an der Spitze. „Fixkostenreduktion" heißt die Wunderwaffe jener Unternehmensberatungen, die einen großen Teil ihres Umsatzes damit machen, dass sie den Firmen empfehlen, langfristige Arbeitsverhältnisse durch kurzfristige On-demand-Verträge zu ersetzen.

„Projektorganisation" heißt eine zweite Attraktivitätsformel. Mit ihrer Hilfe versucht man, eine Zunahme der Beweglichkeit und der Kundenorientierung zu erreichen. Fluktuierende On-demand-Belegschaften sind die für Projekte geeignetsten Arbeitskräfte. Die hierdurch entstehende „Kultur" des „Sozial-Zapping" kennt keine räumlichen und keine zeitlichen Grenzen mehr. Die jederzeit abrufbaren Dienstleister für die aufgelegten Projekte lassen sich inzwischen sogar global rekrutieren. Sie können aus Japan genauso zugeschaltet werden wie aus Indien oder Kanada. Das ermöglicht zusätzliche Kostenvorteile, da die Arbeit an den Projekten „rund um die Uhr" geschehen kann. Die Mitarbeiter fungieren dabei häufig als „Selbstangestellte". Sie besitzen keine feste Arbeitsstelle mehr. Sie bieten sich bevorzugt als Träger profilierter Qualifikationen auf dem Internet-Markt an. Für ihre Arbeitsleistungen erhalten sie keine Arbeitsverträge. Das Management der Betriebe schließt mit ihnen nur mehr Liefer- bzw. Kaufverträge ab.

Der Weg zur Arbeit, das mag als Vorteil des „On-demand" zu verbuchen sein, ist für die wachsende Zahl der Online-Wanderarbeiter wetterunabhängig. Sie legen ihn im Datennetz zurück, möglichst per „Instant-Messaging", ein mit hohem Zeitdruck arbeitendes Verfahren der Versofortigung. Sie haben keine lokalisierbaren Arbeitsorte mehr und auch keine irgendwie festgelegten Arbeitszeiten. Der Freelancer ist grundsätzlich frei, in dem Sinn, dass er für sich selbst sorgen muss. So etwas ist in vielen Fällen äußerst aufwändig, kosten- und zeitintensiv. Das wiederum verführt eine zunehmende Anzahl von Abrufkräften dazu, das On-demand-Prinzip auch für sich selbst in Anspruch zu nehmen. Dies gilt insbesondere für Situationen, in denen sie sich von ihrer stressigen Arbeit erholen müssen. Die hoch flexiblen Arbeitskräfte stellen nämlich die Mehrzahl der Kunden im Bereich der expandierenden „Instant-Genuss-Kultur". Diese beschränkt sich seit längerem nicht mehr nur auf den Instant-Kaffee und die Instant-Klettverschlüsse. Videorecorder und Internet stehen inzwischen für den sofortigen Zugriff ebenso zur Verfügung wie eine Menge anderer Geräte mehr (vorausgesetzt, man hat die Fernbedienung nicht verlegt.) Auch sie sind, wie Instant-Arbeitskräfte und das Mobiltelefon, zeitlich und räumlich ungebunden und daher allzeit präsent und nutzbar. Dabei werden die Geräte – dies ist der entscheidende Vorteil, den sie gegenüber den sie nutzenden Personen haben – nicht einmal müde. Mit ihrer fleißigen Hilfe lässt sich endlich jener paradiesische Traum verwirklichen, mühelos alles das ständig zur Verfügung zu haben, was man gerade eben will und sich wünscht.

Die „Nebenfolgen" jedoch sind nicht zu unterschlagen. Die Entprogrammierung, die Auflösung vorbestimmter zeitlicher Abfolgen – ob beim Essen, beim Fernsehen oder bei der Gestaltung des sozialen Lebens –, belastet die Akteure zusätzlich mit permanenten Jetzt-Entscheidungen. Was uns von Arbeit entlastet, belastet uns also wiederum mit zusätzlicher Arbeit. Wieder einmal zeigt sich die tiefe Wahrheit von Goethes Erkenntnis, die er dem Mephisto in den Mund legte:

„Am Ende hängen wir doch ab
Von Kreaturen, die wir machten."

Die On-demand-Versofortigung, das ist ihre größte Attraktion, lässt die traditionell ordnenden Zeitstrukturen flüssig werden. Alles wird gleich-zeitig. Dies gilt in gleichem Maße für die in den USA entwickelten sogenannten „Urban Entertainment Center (UEC)", die in Deutschland unter dem Namen „Kaufparadiese" ihren Siegeszug antreten. Ihre infrastrukturelle Ausstattung ermöglicht es, spontan, je nach Bedürfnis und Situation, zu entscheiden, ob man lieber einkaufen oder doch eher essen gehen will, ob man sein Geld beim Spielen verlieren möchte oder vielleicht doch Sport treiben, sich bilden, einen Film ansehen oder der Eröffnung einer Kunstausstellung beiwohnen möchte. Ein solches breites Multiplex-Angebot existiert selbstverständlich auch in elektronischer Form, mit der nicht ganz unerheblichen Einschränkung, dass man im Netz relativ einsam bleibt.

Am weitestgehenden ist das Prinzip des „On-demand“ inzwischen dort realisiert, wo es gelingt, Arbeiten, Wohnen, Konsumieren und Unterhaltung unter einem Dach – eventuell sogar in der eigenen Wohnung – zu vereinen. Dann sind, zumindest infrastrukturell, all jene Bedingungen erfüllt, die die Illusion zu fördern vermögen, per Abruf jederzeit zufrieden sein zu können. Zum Leidwesen vieler Versofortiger bleibt diese Erwartung aber nicht selten unerfüllt. Es ergeht ihnen häufig wie dem Vorbild aller Beschleuniger, dem tragischen Helden der Moderne, „Doktor Faustus“. Dieser wollte zu seiner Zeit auch schon immerzu alles sogleich und schloss dafür mit dem Teufel einen Pakt. Faust ist der Prototyp des Dringlichkeitsdynamikers, lange bevor sich die Prinzipien des „Instant“ und des „On-Demand“ gesellschaftlich durchgesetzt haben. Die schnelle Liebe, die rasche Erkenntnis, den plötzlichen Reichtum und dazu noch die passende Dosis Metaphysik, alles das verlangte er möglichst sofort. Mephisto mutierte für Faust zur Fernbedienung der eiligen Wunscherfüllung. Goethe hat seine Meinung über diesen Fortschritt zur „instant gratification“ seinen Bewunderern nicht vorenthalten: „Alles veloziferisch!“

„Ick bün all do", sagte der Igel.
(GRIMMS MÄRCHEN)

8. Zu Hause im Dienst – Stand-by

Damit der ständige Zugriff auf Produktionsmittel, Konsumartikel und auf Dienstleistungen technischer und personeller Art, dem wir die Attraktivitäts-Etiketten „On-Demand" und „Instant" anheften, gewährleistet ist, muss die Wirtschaft im „Stand-by"-Modus organisiert sein. „Kontinuierliche Bereitschaft" ist die korrekte, aber wenig gebrauchte deutsche Übersetzung. Der Stand-by-Betrieb sorgt in einer individualisierten Gesellschaft für jene Rund-um-die-Uhr-Entscheidungsmöglichkeiten, die von einer Mehrheit der Bevölkerung als zusätzlicher Freiheitsgewinn begrüßt werden. Er trat seinen Siegeszug in den achtziger Jahren des gerade vergangenen Jahrhunderts an – dies in jenem Moment, als der erste Anrufbeantworter verkündete, wann, wo und wie man zu erreichen sei.

Die Verheißung der bürgerlichen Moderne, dass ein jeder seines Glückes Schmied sein könne, erfährt in postmodernen Zeiten eine attraktive Zuspitzung durch das Versprechen, zu jeder Zeit und auch an jedem Ort zufrieden und möglichst auch glücklich sein zu können. Dies aber scheint nur dann und dort realistisch, wo jedes Gerät, jedes Instrument, alle Erlebnismöglichkeiten und die allermeisten Dienstleistungen jederzeit zugänglich, einschaltbereit, abruf- und nutzbar sind. Insbesondere betrifft dies die Informations- und die Mobilfunktechnologien und deren Möglichkeiten, sie per Fernbedienung steuern zu können. Die

Stand-by-Ausstattung steigert die Illusion, befreit von einengenden Raum- und Zeitstrukturen leben zu können. Telefonfirmen und Internet-Provider machen sich diese illusionäre Sehnsucht zunutze und werben mit der Attraktion des „Always-on“: „Einfach ein paar Nummern eintippen – und schon sprechen Sie, mit wem Sie wollen, wo Sie auch gehen und stehen ... Immer und überall erreichbar ... Ein Plus für Lebensfreude und Spontaneität. Ein Plus für Familie und Beruf. Ein Plus in jeder Beziehung.“

Wo aber Geräte jederzeit funktionsbereit sind, erwartet man ein entsprechendes Verhalten auch von den Menschen. Diese werden, manchmal direkt, des öfteren aber indirekt, gezwungen, ebenso wie die Instrumente für eine solche Selbstbedienungsökonomie kontinuierlich zur Verfügung zu stehen. Mit dem Etikett des „Erreichbarkeitsmanagements“ werden beispielsweise Telefonkunden ortsunabhängig in den Stand-by-Modus integriert. Zumindest das Werbeversprechen einer Telefongesellschaft droht dies an: „Nehmen Sie einen Anruf mit Ihrem Handy nicht entgegen, werden Sie, wie im Suchplan festgelegt, zuerst zu Hause, dann im Büro und anschließend bei Ihren Bekannten gesucht.“

Die breite und auch äußerst rasche Akzeptanz der Internet-Technologie beweist die Attraktivität der zeitunabhängigen Zugriffsmöglichkeiten. Alle zukünftigen Entwicklungen, die das Label „fortschrittlich“ in Anspruch nehmen wollen, werden sich an dieser Fähigkeit messen müssen. Die Fernsehanstalten beispielsweise bemühen sich derzeit mit erheblichem Aufwand, solchen Erwartungen gerecht zu werden. Demnächst wird nämlich nicht mehr nur das Fernsehgerät für den Dauerzugriff gerüstet sein, sondern auch das Programm. Dieses wird in nicht allzu ferner Zukunft seine bisher übliche „Zeitleiste“ verlieren. Nach thematischen Kategorien geordnet, stehen dann viele unterschiedliche ins Bild gesetzte Themen allzeit zum Abruf für die Nutzer bereit. Nachrichten wird es dann nicht mehr nur zu fixen Uhr-Zeiten geben. Sie werden als abrufbares Angebot jederzeit sofort sendebereit sein. Gleiches gilt für Spielfilme, die vielen Musikantenstadel aller Art, aber auch für Tierfilme, die dann rund um die Uhr als Mittel zur Bekämpfung der kindlichen Langeweile eingesetzt werden können.

Das Fernseherlebnis wird zur Eigenkomposition freigegeben – was aller Wahrscheinlichkeit nach zu völlig neuen Konflikten in den von der Entscheidungsvielfalt bereits hoch belasteten familiären Lebensgemeinschaften führen wird. Diese werden nur dann zu vermeiden sein, wenn jedes Mitglied sein/ihr eigenes Gerät bekommt – ein ökonomisch beabsichtigter Effekt. Noch wahrscheinlicher ist jedoch, dass das Fernsehgerät, so wie wir es heute kennen, ganz verschwindet. Das von den Sendern bereitgestellte Unterhaltungsangebot wird in nicht ferner Zukunft voraussichtlich durch ein mit UMTS-Technologie funktionierendes multimediales Videofon geliefert. Dann sind die Menschen endlich auch im Stande, während eines ganz realen Spaziergangs fernsehend das Nahe erleben zu können. Gleichzeitigkeit pur!

Entwickelt und beziehbar ist inzwischen der „Stand-by-Kühlschrank“ mit dem bezeichnenden Namen „Screenfridge“. Durch automatische Nachbestellungen sorgt er dafür, dass jederzeit alles, das sich der hungrige Mensch zur sofortigen Befriedigung seiner Essensbedürfnisse wünscht, im Hause ist. Diese Innovation ist Teil einer Ökonomie des „Immer zu Diensten“, die auf den rundum vernetzten Haushalt zusteuert. Er lässt sich, dank Fernbedienung, von überall jederzeit regulieren. Man muss dann beispielsweise nicht mehr bei der Rückkehr aus dem Winterurlaub in einer eisigen Wohnung frieren – es sei denn, man hat vergessen, die Zimmertemperatur der Stand-by-Heizung rechtzeitig per Fernsteuerung zu erhöhen.

Warum aber dieser technologische Aufwand und was ist eigentlich am Stand-by so attraktiv? Und weshalb sehen viele Menschen darin einen „Fortschritt“? Die kurze Antwort: Weil das Warten damit abgeschafft wird.

Foto: M. Hartmann

„Der Teufel", so eine alte Volksweisheit, „hat das Suchen erfunden und seine Großmutter das Warten." Das Warten scheint, so gesehen, als etwas Diabolisches erlebt zu werden. Wird man zum Warten gezwungen, dann liegt der Vorwurf des Zeitdiebstahls nahe. Das ist auch der maßgebliche Grund dafür, dass neu eingestellte Verkäufer und Verkäuferinnen am ersten Tag ihrer Tätigkeit meist den Hinweis zu hören bekommen: „Der Kunde will nicht nur gut, sondern auch rasch, das heißt ohne Wartezeit, bedient werden." Die Zeiten des Wartens gelten nämlich als „verlorene Zeiten". Warten, das klingt nach einer Verurteilung zum Leerlauf, zum Aufenthalt auf harten Holzbänken in schlecht beleuchteten Gängen bei abgestandener Luft und kaltem Zigarettenrauch. Das stur wiederholte „Bitte warten" beim Anruf bei einer Behörde steigert die Frustration und die Nervosität der Anrufenden merklich. Als hörbares Zeichen der Abhängigkeit macht es ungeduldig und unwillig. Daher beschäftigen sich auch Statistiker gerne mit dem Warten. Sie wollen es gerne abschaffen. Zeitbudgetstudien aus den USA belegen beispielsweise, dass der Durchschnittsamerikaner fünf Jahre seine Lebens mit Schlangestehen zubringt, zwei Jahre wartet er auf Telefonverbindungen und sechs Monate im Auto vor rot leuchtenden Ampeln (vgl. Cerutti 2003). Solche Umfrageergebnisse sind nicht tendenzfrei. Sie unterstellen, es handle sich bei diesen Wartesituationen um möglichst rasch zu behebende Systemdefekte. Wir sprechen ja meist auch dann vom „Warten", wenn es an der Gleichzeitigkeit von Wunsch und Erfüllung mangelt, wenn der erhoffte „Fortschritt" nicht eintritt, dafür aber eine Art zeitlicher Stillstand. Dieser wird mehrheitlich als emotional belastend erfahren. Durch Warten entsteht Unlust.

Hier liegt der eigentliche Grund für die Erfolgsgeschichte des Stand-by-Prinzips. Die Stand-by-Umwelt hebt die erlebte und empfundene Ohnmacht, die verordnete Unproduktivität des Wartens auf. Man ist nicht Opfer der Willkür anderer, man ist in der Lage, selbst etwas zu tun, da der Zugriff auf das Erwünschte sofort möglich ist. Der Knopfdruck, die kleine Drehung des Schalters, der Mausklick, eliminiert alle Wartezeit. Immerzu kann man sich selbst als Täter der Zeitgestaltung fühlen und erfahren. Nicht mehr länger muss man der Zeit dabei zusehen, wie sie vergeht. Wenn jene vom Leben bestraft werden, wie Politiker prophezeien, die zu lange warten, dann – so die stille Erwartung – können diejenigen mit einer Belohnung rechnen, die in einer Stand-by-Umwelt leben. Sie können sich auf Berggipfeln und auch bei filmreifen Sonnenuntergängen am Sandstrand lustvoll dem E-Mail-Verkehr widmen und dank ihrer medialen Ausstattung alles Zeitliche sekundenschnell in Nah- und Nächstverhältnisse überführen.

Wie realistisch aber ist so etwas? Ist die Abschaffung des Wartens wirklich ausschließlich ein Fortschritt? Der englische Philosoph John Locke war skeptisch. Er hat bereits 1690 in seinem „Versuch über den menschlichen Verstand" darauf hingewiesen, dass das Warten, der Aufschub eines Wunsches, nicht ausschließlich „verlorene Zeit" ist: „Die Erfahrung lehrt, dass die Seele in der Regel die Ausführung und Befriedigung eines Begehrens (…) hemmen kann. Dadurch wird sie frei für die allseitige Betrachtung der Gegenstände des Begehrens und deren Vergleichung miteinander. Hierin liegt die Freiheit, welche der Mensch besitzt" (1988, 147). Die Freiheit winkt also nicht nur dort, wo das Stand-by die Versofortigung erlaubt, sie ist auch an jenen Orten, wo auf die „Befriedigung eines Begehrens" gewartet werden muss. Es ist nämlich in erster Linie das Warten und ganz besonders das Erwarten, das den Menschen dabei hilft, das Gute vom Schlechten, das Sinnvolle vom Sinnlosen und das Schöne vom Hässlichen zu unterscheiden. Der umfassende Stand-by-Alltag hingegen hindert die Subjekte an solch lebenswichtigen Differenzierungsleistungen. Dies zuallererst dadurch, dass er sie unablässig auf Trab hält und sie dabei atemlos macht.

Warten erst konstituiert Zukunft und Zukunftsbewusstsein. Die Stand-by-Techniken tragen aber dazu bei, der Gesellschaft die Zukunft zu nehmen. In einer vom Warten „befreiten" Welt existieren weder Hoffnungen noch Wünsche, auf deren Erfüllung man warten könnte. Vergangenheit, Gegenwart und Zukunft verschmelzen in einem umfassenden „Gleichzeitigkeits-Plateau" (Großklaus).

Aber allen Anstrengungen zum Trotz, das Warten technologisch abzuschaffen, wird heute noch immer viel gewartet. Nicht zuletzt deshalb, weil man paradoxerweise dazu angetreten ist, das Warten abzuschaffen. Man wartet auf einen Internetanschluss, der es dann möglich machen soll, ohne Wartezeiten einen grenzenlosen Zugang zu einer unfassbaren Informationsfülle zu bekommen. Aus ganz ähnlichen Gründen wartet man auch auf ein besseres Fernsehgerät und auf einen noch schnelleren Computer. Warten, dies kann als eines der auffälligsten Charakteristika der Postmoderne gelten, wird letztlich nur dann und dort akzeptiert, wo es darauf ausgerichtet ist, das Warten abzuschaffen.

Lässt man sich jedoch von den oftmals grellen Versprechungen der vielen Allzeit-zu-Diensten-Angebote nicht allzu sehr blenden, kann man erkennen, dass der vermeintlichen „Befreiung" von den Wartezeiten der Zwang zur ständigen Aktivitätsbereitschaft folgt. Das Nicht-mehr-Warten-Müssen bedeutet nämlich für eine nicht geringe Anzahl von Personen, dass sie auch gar nicht mehr warten dürfen. In aller erster Linie betrifft dies jene Arbeitskräfte, die per Abruf ihre Arbeitskraft anbieten. Ihre Zahl wird täglich größer. Ihr Schwerpunkt liegt in den Gesundheits- und der Sicherheitsbereichen und neuerdings auch im wachsenden Segment des Hardware- und Software-Supports.

Ständige Bereitschaftsdienste sind für Arbeitnehmer und Arbeitnehmerinnen belastend. Um jederzeit die sofortige Rufbereitschaft zu gewährleisten, wird ein hohes Quantum an Energie verbraucht. Dies zeigen die Geräte, die immerzu auf Stand-by geschaltet sind. Für deren sogenannte „Betriebsbereitschaft" werden in Deutschland zur Zeit 20,5 Milliarden Kilowattstunden Strom verbraucht – fast eineinhalbmal so viel, wie die Großstadt Berlin jährlich benötigt. Das ständig abrufbare Subjekt ist dazu verurteilt, ein Leben auf permanentem Alarm-Level führen zu müssen. Musil hat eine solche „Stand-by-Atmosphäre" in den zwanziger Jahren des vergangenen Jahrhunderts (1978, 445) vorausschauend beschrieben: „Es geschah unaufhörlich etwas.

Und wenn unaufhörlich etwas geschieht, hat man leicht den Eindruck, dass man etwas Reales bewirkt." Aber man hat eben nur den Eindruck. Der Soziologe Arnold Gehlen hat dies als „Beweglichkeit auf stationärer Basis" charakterisiert. Sie ist für die körperliche Verfasstheit der betroffenen Individuen ebenso problematisch wie für deren soziale Integration.

Auch die Arbeitslandschaft wird sich in einer Gesellschaft, die kontinuierliche Bereitschaft anstrebt, grundlegend verändern. Dabei ist nicht davon auszugehen, dass sich traditionelle soziale Unterschiede, die sich u. a. auch in Einkommensdifferenzen abbilden, auflösen werden. Diese bleiben auch weiterhin, in wahrscheinlich nur geringfügig veränderter Art und Weise erhalten. Am allerwenigsten profitiert von den Freiheitsversprechen des Stand-by jene wachsende Zahl von meist weiblichen „Stundenkulis", die als disponible Arbeitskraftreserve auf ihren Einsatz wartet. Ihre Arbeitszeit und ihr Einkommen richtet sich weitgehend nach den rasch wechselnden Unwägbarkeiten nicht kalkulierbarer Märkte und den Unvorhersehbarkeiten unkontrollierbarer Kundenströme. Regelmäßig an ihrer Arbeit wird nur mehr deren Unregelmäßigkeit sein.

Mit ähnlichen Effekten muss auch eine weitere Gruppe von Arbeitenden leben, die „Selbständigen". Als „Ich-AG" als „Permatemps" oder „Contracted worker" sind sie gezwungen, sich auf dem Markt anzubieten. Ihrer Selbständigkeit als freie Auftragnehmer sind dabei enge Grenzen gesetzt. Die Bezeichnung „freier Abhängiger" oder „abhängiger Freier" wäre für sie treffender als die des „Selbständigen". Nicht mehr ausgenommen sind bei dieser Entwicklung auch akademisch ausgebildete Arbeitskräfte, wie z. B. Ärzte, Informatiker und Ingenieure. Auch sie müssen sich immer häufiger für den spontanen Abruf bereithalten. Als eine Art „Söldner" wechseln sie von Aufgabe zu Aufgabe, von Projekt zu Projekt. Ihr Engagement ist eng befristet, ihre Loyalität orientiert sich am jeweiligen Marktgeschehen. Sie alle haben es schwer, sich unter den Bedingungen des spontanen Abrufs weiterhin auf ihr soziales Umfeld (Freunde, Familie, Kinder) einzulassen. Ihre häusliche Anwesenheit ist nämlich nicht mehr länger identisch mit ihrer Verfügbarkeit. Auch wenn sie für andere Personen präsent sind, stehen sie immer nur für Kurzfristaktivitäten zur Verfügung, da sie jederzeit mit einem Abruf rechnen müssen.

Zu unterscheiden ist von diesen bisher erwähnten Stand-by-Arbeitskräften eine wachsende Zahl von Individuen, die sich mehr oder weniger freiwillig für eine „Allzeit-bereit-Existenz" entscheidet. Gemeint sind jene, die ihr Mobiltelefon niemals ausschalten und die ihre Handy-Nummern zum Zwecke permanenter Erreichbarkeit an allen möglichen und unmöglichen Orten hinterlassen. Sie fahren mit dem Notebook in den Urlaub und ins Wochenende und verzichten während ihres Drei-Tage-Meditationskurses nicht auf die tägliche Abfrage ihrer Mails. Mit elektronisch gestützter Dauerpräsenz pflegen sie das Lebensgefühl, sich jenseits aller zeitlichen Raster zu bewegen und stets up to date zu sein. Der allabendlich heruntergeleierte Konsum-Imperativ der Fernsehmoderatoren: „Bleiben Sie dran!" ist ihnen zur Leitmaxime des Alltagshandelns geworden. Nicht selten hat man den Eindruck, dass ihnen eine solche Art freiwilliger Knechtschaft Freude macht. Karl Marx entdeckte darin eine „Mystifizierung", die den betroffenen Individuen jenen Preis, den sie zu zahlen haben, als Wohltat und Freiheitsgewinn erscheinen lässt. Diese Mystifizierung aber hat Folgen.

In einer Zeitungsmeldung (Süddeutsche Zeitung vom 11. 8. 1999) sind sie beschrieben:

„... Handys können nach Erkenntnissen britischer Wissenschaftler Managerehen ernsthaft gefährden. Auf Grund der heutzutage üblichen Firmenkultur müssten viele Spitzenkräfte auch in ihrer Freizeit für die Firma erreichbar sein. Diese ständige Abrufbereitschaft erhöhe den Stress erheblich und belaste dadurch das Familienleben, ergab eine Studie der Universität Manchester, die am Dienstag in der Londoner Zeitung The Express veröffentlicht wurde. Der Organisationspsychologe Cary Cooper, dessen Team für die Studie mehr als 5 000 Firmenchefs befragte, unterscheidet vier Arten von Handy-Süchtigen: Manager, deren Position nach Meinung der Firma ständige Abrufbereitschaft verlangt; Menschen, die Angst um ihren Arbeitsplatz haben und deshalb ständig Kontakt zur Firma halten wollen; ‚Workaholics', die mit ihrem Job verheiratet sind; und Manager, die sich wichtiger fühlen, wenn sie Anrufe aus dem Büro erhalten. Cooper dagegen rät: ‚Die Manager sollten sich in ihren Ferien erholen, anstatt sich durch Handys stressen zu lassen.'"

„Steigern Sie Ihre Augenblicke,
Das Ganze ist nicht mehr zu retten.“

(G. Benn)

9. Am Punkt: „Bereit sein ist alles“[1]

Der französische Schriftsteller und Philosoph Denis Diderot lässt seinen „Jacques“, den Fatalisten, behaupten: „Jede Tugend, jedes Laster hat seine Zeit und kommt einmal aus der Mode.“ Wie wahr! Genauso richtig ist es aber auch, dass Tugenden und Laster mit der Zeit nicht spurlos verschwinden, sondern durch andere, neue ersetzt werden. Alle Zeichen eines solchen tugendhaften Auslaufmodells besitzt heutzutage die „Pünktlichkeit“. Viele Indizien deuten daraufhin, dass diese besonders von Deutschen geliebte und geachtete Tugend durch eine neue abgelöst wird; und zwar von der Tugend, immerzu „am Punkt“ zu sein. Wer sich noch länger verpflichtet fühlt, weiterhin pünktlich zu sein, und zwar nur deshalb, weil Pünktlichkeit ein anerkannter Ausweis für Verlässlichkeit ist, verpasst heutzutage im Leben immer mehr. Zumindest versäumt man all das, was man anderes auch hätte tun können, dies aber unterließ, weil man unbedingt pünktlich sein wollte.

Es ist kein Geheimnis mehr: Der Schnäppchenjäger hat den Pünktlichen abgelöst. Für ihn ist das „Am-Punkt-Sein“ zum maßgeblichen Lebensinhalt und zum Lebenszweck geworden. Alle, die in dieser Veränderung einen drohenden Sittenverfall befürchten, sollten sich vergegenwärtigen, dass Pünktlichkeit häufig die

[1] Shakespeare, Hamlet, V, 2

Notwendigkeit von Abhängigen war und weniger die Praxis von Mächtigen. Vorgesetzte hatten selten Probleme mit der Unpünktlichkeit – aber nur, wenn es ihre eigenen zeitlichen Dispositionsfreiheiten betraf. Nicht selten inszenierten sie ihre Verspätungen, um die von ihnen Abhängigen spüren und erfahren zu lassen, dass sie sich in einer unter- bzw. nachgeordneten Stellung befinden.

Sogar die als präzise gelobte kalendarische Ordnung erweist sich manchmal als überraschend flexibel: Das Oktoberfest findet, ohne dass hierdurch eine beachtliche Zahl von Personen das Ereignis versäumen würden, bereits im September statt. Die Oktoberrevolution wird dagegen in Russland zu Beginn des Monats November gefeiert. Das Leben scheint durch diese gemäßigten Formen der Unpünktlichkeit nicht allzu sehr aus dem Gleichgewicht zu geraten. Wir werden uns an mehr Flexibilität gewöhnen müssen, auch im Alltag: In einer sich mit Hochgeschwindigkeit verändernden Welt, in einer Umgebung, in der die Möglichkeitsofferten immer rascher wachsen, kommen alle immerzu zu spät. Brecht hatte diesen Eindruck bereits 1917, kurz nach dem Beginn seines Studiums an der Universität München. Er beschwerte sich darüber in einem Brief an einen guten Freund:

„Lieber Heinz (Hagg), ich muß Dir doch einmal schreiben. Obwohl hier (in München) nichts los ist. Es wäre schrecklich, wenn ich Zeit hätte, darüber nachzudenken. Aber ich bin ins Rennen geraten. Von 8–11, von 12–1; von 3–$^{1}/_{2}$7; von 7–$^{1}/_{2}$10 im Laboratorium, Univers(ität) und Theater (...) Hier komme ich aus einem System von Verspätungen nie heraus. Früh um 6 (8!) Uhr habe ich schon n(ahe)z(u) 24 Stunden Verspätung. Nachts 11 Uhr, 24 + 15 Std. Usw. Nächstens stehe ich in der Frühe einfach nicht mehr auf. Basta“ (Drascek 1992, 43ff.).

Ganz ähnlich scheint es auch dem Altrocker Neil Young gegangen zu sein, der seine Lebenserfahrung in der Liedzeile: „When I was fast, I was always behind“ zusammenfasste.

In modernen Zeiten war das Einhalten punktgenauer Verabredungen notwendig und sinnvoll. Auch heute ist dies in manchen Situationen noch angebracht – aber Pünktlichkeit ist nicht mehr grundsätzlich notwendig, nur bei spezifischen Gelegenheiten ist sie funktional. So hat sich die Pünktlichkeit heute von einer absoluten zu einer relativen Tugend gewandelt. Relativ wurde sie in gleichem Maße, wie die Uhrzeitordnung ihre unumstrittene Monopolstellung im Leben, insbesondere im Arbeitsleben, verloren hat. Das wird u. a. auch aus dem Sachverhalt ersichtlich, dass nur mehr in längst vergriffenen Ausgaben des „Knigge" der ehemals Allgemeingültigkeit beanspruchende moralische Hinweis zu finden ist: „Jedermann geht gern mit einem Menschen um und treibt Geschäfte mit ihm, wenn man sich auf seine Pünktlichkeit in Wort und Tat verlassen kann." Heute ist diese Formulierung aus dem Benimmkatalog des Herrn Knigge verschwunden.

Pünktlichkeit galt, speziell in Deutschland, immerzu auch als ein Zeichen der Verlässlichkeit. Diese tugendhafte Koppelung war es, die großen moralischen Druck auf das Zeitverhalten jener Personen ausübte, die sich zu einer festgelegten Uhrzeit verabredet hatten. Daher ist es auch nur allzu verständlich, dass jene Personen mit Kränkungen, Enttäuschungen und manchmal auch mit Wut reagierten, die mit Verspätungen ihrer unpünktlichen Verabredungspartner konfrontiert wurden. Dass eine große Zahl von Menschen Pünktlichkeit für eine Gewissensforderung hält, die sich mit Verlässlichkeit und Ehrlichkeit zu einer folgenreichen Trinität vereint, ist nicht mehr selbstverständlich und schon gar nicht „natürlich". Die Pünktlichkeit ist ein Erziehungsprodukt. Mit fleißiger Unterstützung der Schulen, des Militärs und der Fahrpläne aller Art wurde eine entsprechende Dressur erreicht. Die Uhrzeitordnung wurde von den Institutionen quasi „geheiligt". Zumindest die deutsche Bevölkerung war ihr in einem Ausmaß zu Diensten, das „einzigartig" genannt werden kann.

Aus solcher Perspektive kann Pünktlichkeit auch als eine Unterwerfungsgeste gegenüber der getakteten Zeit der Uhr verstanden werden; und sie ist darüber hinaus auch ein Zeichen der Bereitschaft, die vielfältigen zeitlichen Möglichkeiten, die das Leben sonst noch zu bieten hat, zu Gunsten einer Verabredung nach der mechanischen Zeit zu ignorieren und zu unterdrücken. Personen, die immerzu pünktlich sind, sehen in der Uhrzeitordnung auch die für sie maßgebende zeitliche Herrschaftsinstanz ihres Tun und Wollens. Sie leisten Ziffernblatt und Zeiger pflichtschuldigst Gehorsam und schränken ihre zeitlichen Verhaltensmöglichkeiten ganz entscheidend ein.

Es waren die Hausfrauen, die ja im Gegensatz zu Fabrikarbeiterinnen bei ihrer Tätigkeit einen relativ großen zeitlichen Dispositionsspielraum besitzen, denen lange Zeit die besondere Sorge der Uhrzeit-Standardisierer galt: „Macht die Uhr, diesen Zeremonienmeister der Ordnung, zu eurem Ratgeber und Diktator; und habt ja Acht – dass sie im häuslichen Tagewerk niemals zu spät gehe“ (zit. nach Breuss 2002, 219), so liest man beispielsweise in den einschlägigen Regelwerken zur zeitlichen Selbstdisziplinierung. Als Adlatus dieses „Zeremonienmeisters der Ordnung“ fungierte in der zweiten Hälfte des 20. Jahrhunderts oftmals der Hausherr, der sich erst dann für die Nachrichtensendung um acht Uhr interessierte, wenn er vorher detailliert geprüft hatte, ob auch alle häuslichen Zeitmesser mit der Fernseheruhr übereinstimmten. Von solch zwanghafter Ordnungs-Arbeit ist er zumindest inzwischen entlastet. Sie wurde ihm von der Physikalisch-Technischen Bundesanstalt abgenommen. Das zeitliche Ordnungssignal kommt heute aus Braunschweig, per Funkimpuls, sodass auch weiterhin – und jetzt noch viel präziser, als es menschlichen Wesen jemals möglich wäre – die chronometrischen Voraussetzungen für pünktliches Verhalten gegeben sind. Allein, man benötigt diese Vorgaben heute im Alltag immer weniger.

1852 bereits konnte man skeptische Stimmen im Hinblick auf eine zu übertrieben umgesetzte „Pünktlichkeitsmoral“ vernehmen. Damals hatte die Eisenbahnverwaltung gegen die Einführung der Normalzeit, die ja die Basis einer auf Pünktlichkeit ausgerichteten Zeitkoordination ist, einige bedenkenswerte Argumente:

„Was nun den Vorschlag betrifft, die diesfalls angenommene gemeinschaftliche mittlere Zeit überall zugleich als gesetzliche Ortszeit einzuführen und sie gleichsam als Regulator aller Geschäfte und Handlungen des Volkes festzustellen, erscheint diese Maßregel als eine in das Volksleben tief einwirkende Abnormität nicht nur naturwidrig, sondern auch als unnöthig. Die unwandelbare Bewegung der Gestirne, vorzüglich der mittleren Sonne ist der natürliche Regulator der Zeit eines jeden Ortes und der von derselben abhängigen Tagesgeschäfte seiner Bewohner“ (Verein deutscher Eisenbahnverwaltung, Protokoll 1852).

Wie in dieser Protokollnotiz zu lesen ist, wollten sich sogar die Beamten der Bahnverwaltung in ihrem Zeitverhalten nicht völlig von Natur und Kosmos lösen, um sich dafür mit Haut und Haar einer naturfernen Uhrzeitordnung zu unterwerfen. Ihnen war anscheinend noch präsent, dass der Terminus „Pünktlichkeit“ erst um 1770 in der Bedeutung „einer Genauigkeit auf die Minute“ Karriere machte. Hätten die Bahnverantwortlichen diese Einstellung bis heute beibehalten, wäre ihnen viel Kritik über die Verspätungen ihrer Züge erspart geblieben.

Parallel mit der Verfeinerung und der Standardisierung einer zunehmend größer werdenden Zahl von Messinstrumenten wuchsen im 19. Jahrhundert die Ansprüche an die Individuen, sich zeitlich zu disziplinieren. Das soziale Prestige, eine verlässliche Person zu sein, erwarb man durch ein zwanghaftes Zeitverhalten, das sich vom Gang der Zeiger nicht oder nur mehr geringfügig unterschied. Aber erst in der aufblühenden Industriegesellschaft wurde der Gehorsam gegenüber der Uhrzeit tugendhaft. Pünktlichkeit war sowohl für das Funktionieren der industriellen Produktion als auch für deren Verwaltung notwendig und unverzichtbar. Sie garantierte Produktivität und wirtschaftlichen Erfolg. Eine Werbebroschüre für Stechuhrsysteme aus den ersten Jahren des 20. Jahrhunderts dokumentiert dies:

„Es gibt nichts Schädlicheres für die Disziplin einer Firma und nichts Katastrophaleres für ihre ruhige und gewinnbringende Arbeit als eine Gruppe von Menschen, die nicht regelmäßig da ist, die zu spät kommt und zu den seltsamsten Zeiten die Fabrik verlässt."

Schwerlich findet man einen treffenderen Beleg für den ehemals herrschenden Pünktlichkeitsdruck als dieses Zitat. Es macht auch den Wandel jener Zeitorganisation und jenes Zeitverhaltens deutlich, die eine heute erfolgreiche Internetfirma von den Arbeitsabläufen in einer Fabrik des frühen 20. Jahrhunderts unterscheiden. Jenes Verhalten, das im Zitat als „Katastrophe" bezeichnet wurde, beschreibt in den Unternehmen der New Economy den erfolgreichen Arbeitsalltag. Mehrheitlich ist man dort nicht regelmäßig anwesend. Man kommt schon deshalb in den vielen Software-Firmen nicht zu spät, weil inzwischen „Gleitzeit" und „Vertrauensarbeitszeit" üblich wurden. Man verlässt dort auch nicht zu den „seltsamsten Zeiten" den Arbeitsplatz, denn bei der herrschenden Rund-um-die-Uhr-Flexibilität existieren überhaupt keine „seltsamen Zeiten" mehr. Für den freigeschalteten Menschen der Postmoderne heißt die Verpflichtung: Er muss sich bemühen, möglichst immer am Punkt zu sein. Das bedeutet in vielen Fällen konkret: Man muss allzeit erreichbar sein. Körperliche Anwesenheit ist jedoch nicht mehr unbedingt zwingend erforderlich. Es genügt vielfach die virtuelle. Und diese ist, dank funktionsfähiger Mobiltelefone, heute problemlos jederzeit gewährleistet.

Pünktlichkeit ist in einer Informations- und Mediengesellschaft keine Moral mehr, sie hat sich zu einer spezifischen, situationsunabhängigen, technikgestützten Organisationsqualität gewandelt. Sie kann sich nicht mehr als generelle Tugend, sondern höchstens noch als eine besondere Qualifikation für besondere Situationen, in der sie sich als sinnvoll und notwendig erweist, definieren und legitimieren. Dort, wo es um Gemeinschaftlichkeit, um das Soziale geht, ist sie auch in einer postmodernen Lebenswelt durchaus weiterhin notwendig, aber auch dann muss sie sich immer wieder durch ihre konkreten Zwecke und Ziele rechtfertigen.

Zeichnung: Geißler/Oberhuemer

Mehr Argumente können zur Beruhigung derjenigen, die mit dem Verlust der Pünktlichkeitstugend auch die Gesellschaft vom Untergang bedroht sehen, nicht geliefert werden. Pünktlichkeit bleibt auch weiterhin eine wichtige Verhaltensoption, sie ist jedoch inzwischen zu einem Teil des flexiblen Handelns geworden. Flexibilität erweist sich letztlich aber nur dann als wirklich flexibel, wenn auch in begründeter Art und Weise auf Flexibilität verzichtet werden kann – und das heißt beispielsweise, dass man bei Verabredungen pünktlich ist. Dann auch ist Pünktlichkeit kein Gegensatz zur Flexibilität sondern ein Teil von ihr.

„Immer am Punkt sein", heißt die aus den Flexibilitätsanforderungen abgeleitete Verhaltensmaxime. Wie sieht das aus, wie muss man sich das vorstellen? Am Punkt ist man dann, wenn man situations- und zweckbezogen pünktlich ist. Aber nur dann, wenn sich anderes nicht als wichtiger herausstellt. Wir verhalten uns im Alltag vielfach bereits danach. Bei Einladungen zum Sektfrühstück und zu Cocktailparties erlauben wir uns üblicherweise eine Form der gemäßigten Unpünktlichkeit: „45 Minuten nach der vom Gastgeber gewünschten Zeit", liest man in einem aktuellen Ratgeber zum formvollendeten Benehmen. Bei attraktiven Großveranstaltungen ist man, vorausgesetzt ein guter Sitzplatz wird angestrebt, möglichst nicht allzu pünktlich: Bei solchen Ereignissen lohnt es sich nämlich, etwas früher zu kommen. Auch um die Nachrichten im Fernsehen anzuschauen, muss die Familie bereits seit längerem nicht mehr pünktlich um 20 Uhr in andächtige Stille verfallen. Das Neueste vom Tage – auch wenn es meist nicht allzu neu ist – gibt es inzwischen annähernd zu jeder Zeit. Und um bei der Deutschen Bahn, die laut Statistik bei einem täglichen Verspätungsquantum von 25.000 Minuten angekommen ist, den günstigsten Zug zu erwischen, ist ein Blick in den Pünktlichkeit suggerierenden Fahrplan heutzutage der schlechteste aller Ratgeber: Die Bahn ist nämlich für alle Menschen, die mit der Zeit gehen, zum großen Lehrmeister flexiblen Verhaltens geworden. Sie ist in mancherlei Hinsicht am Puls der Zeit, so auch bei der Zugdurchsage kurz vor der Einfahrt in den Bahnhof Frankfurt: „Die Verspätung beträgt zur Zeit 5 Minuten. Wegen dieser Verspätung erreichen Sie alle Anschlüsse in Frankfurt Hauptbahnhof." Wer will bei solcher Offerte noch pünktlich sein?

Nicht wenige Menschen begrüßen es auch, dass die Essenszeiten heute so weit flexibilisiert wurden, dass Unpünktliche von der Angst befreit sind, ihr Zu-spät-Kommen würde mit Nahrungsentzug bestraft. In den allermeisten Schnellrestaurants ist man und isst man immerzu pünktlich – Tag und Nacht, rund um die Uhr. Wann die richtige Zeit zum Mittagessen ist, das entscheiden hungrige Männer und Frauen heutzutage in eigener Souveränität. Auch unter den Wolken ist die Freiheit grenzenlos. Man kann diese beim Verzehr eines Hamburgers sogar schmecken.

Die Verhaltensmaxime, möglichst immer und überall am Punkt zu sein, hat schließlich einen neuen Sozialcharakter geprägt. Neben „Simultanten" trifft man immer häufiger auf „Schnäppchenjäger". Schnäppchenjäger sind die Helden der Flexibilität. Sie müssen und wollen immer am Punkt sein, ansonsten werden die Schnäppchen von anderen gemacht. Sie machen ihr hochflexibles Verhalten zum sozialen und materiellen Vorteil. Bei ihrer nicht endenden Jagd nach noch günstigeren Angeboten müssen sie mehr als nur pünktlich sein. Sie müssen vor den Pünktlichen da sein. Die Pünktlichen bekommen hingegen häufig nur mehr das, was die Flexiblen, also die Schnäppchenjäger, übrig ließen. Allzeit sind Schnäppchenjäger auf dem Sprung. Das Prinzip ihres Handels finden sie in dem Michail Gorbatschow zugeschriebenen Satz: „Wer zu spät kommt, den bestraft das Leben."

Die Ablösung des Pünktlichkeitsdiktates durch die Pflicht, allzeit am Punkt zu sein, ist nicht etwa, wie manchmal fälschlicherweise vermutet wird, das Resultat eines sich verändernden menschlichen Wollens und auch nicht das Ergebnis klügerer Einsichten. In erster Linie ist sie eine notwendige Folge gewandelter, postmoderner Arbeits- und Lebensbedingungen. Diese verlangen zunehmend weniger Pünktlichkeit, dafür immer häufiger ein gutes „Timing“. Zur rechten Zeit am richtigen Platz zu sein, ist für den geschäftlichen Erfolg heute ebenso wichtig wie für eine Berufskarriere.

Am Punkt zu sein verlangt, mit Zeitvielfalt balancierend umgehen zu können. Es bedeutet, Langfristigkeit und Kurzfristigkeit ins Planungs- und Handlungskalkül einzubeziehen und sich entsprechend zeitlich vielseitig zu verhalten. Der Sozialwissenschaftler Niklas Luhmann (vgl. 1990, 123) beschrieb mit Blick auf solch grundlegende Veränderungen unseres Lebensvollzuges einige Konsequenzen für das Zeitverhalten. Früher, so argumentiert er, dienten Zeitmaße dazu, gleichartige Tätigkeiten zur gleichen Zeit sicherzustellen, also die Differenz von anwesend/abwesend zu überbrücken. Heutzutage hingegen gilt es, gleichzeitig Verschiedenes zu tun und die Ergebnisse dieses unterschiedlichen Tuns zu koordinieren. Letzteres setzt eine erheblich größere Verhaltensflexibilität voraus. Diese wird durch das Befolgen relativ starrer Sekundärtugenden, wie sie die „Pünktlichkeit“ darstellt, jedoch in erfolgsgefährdender Weise eingeengt.

Die ehemals übliche, langfristige Gleichförmigkeit von Ereignisverläufen wird in jüngster Zeit durch kurzfristig auftretende Irritationen immer häufiger gestört. So ist bei einer eben entschiedenen Planung in kurzer Zeit wieder mit Veränderungen zu rechnen. Die zeitlichen Unschärfen nehmen zu. Planungen werden daher weniger auf Pünktlichkeit programmiert als auf „Open End“ und „fließende Anwesenheit“. Es ist eine Art Multi- bzw. Polytemporalität, die von den postmodernen Verhältnissen gefordert wird. Umlernen im Hinblick auf ein neues Zeitverhalten ist daher unverzichtbar. Das Bildungs- und Erziehungswesen, das für die Verinnerlichung des Pünktlichkeitsgebotes ja ehemals maßgeblich (mit-) verantwortlich war, wird auch neuerdings mit den Anforderungen konfrontiert, den (meist jungen) Menschen jene personalen und sozialen Fähigkeiten, Wertorientierungen und Handlungsstrategien zu vermitteln, die sie für die flexiblen Verhältnisse der heutigen Zeit benötigen. Bereits 1984 hat der damals einflussreiche Pädagoge Hellmut Becker in diesem Sinne an die Erzieher appelliert:

„Der Mensch muß lernen, mit der Zeit auch spielen zu können, sonst kann es passieren, daß die abstrakte Zeit den Menschen ähnlich überwältigt wie Bürokratie und Technik. Vielleicht ist es das wichtigste im Erziehungsvorgang, daß der Jugendliche Zeit erfährt in einer Weise, die verhindert, daß die Zeit den Jugendlichen vergewaltigt“ (1984, 178).

Möglicherweise haben ja jene Personen in diesen neuen Zeiten Vorteile, die gar nicht erst auf die vertaktete Monozeit der Uhr hin erzogen wurden, die also ihre Uhrzeigermoral nicht erst verlernen müssen. Mitglieder alternativer Zeitkulturen müssen flexible Verhaltensweisen gar nicht erst neu lernen, weil sie diese immer schon praktiziert haben. Das „Am-Punkt-sein“ war für sie immer schon sinnvoll und selbstverständlich. Sie hielten ein flexibles Zeitverhalten für weitaus angemessener als eine Pünktlichkeitsmoral, die auf Spontaneität und situative Aktualität keine Rücksicht nimmt. Bei Robert Levine (1998) etwa lässt sich nachlesen, dass in Brasilien unpünktliche Menschen als die erfolgreicheren Menschen angesehen werden. Sie können nämlich, so die Unterstellung, aufgrund ihrer verantwortlichen Tätigkeit gar nicht pünktlich sein.

Eine ähnliche Sichtweise scheint neuerdings sogar in deutschen Top-Etagen Einzug zu halten. Dies zumindest legt eine von der EU finanzierte Studie der Universität Oxford nahe. Sie kommt zu dem überraschenden Ergebnis, dass deutsche Manager heute mit dem Pünktlichkeitsdiktat relativ locker umgehen. Eine Umfrage der Unternehmensberatung Czipin und Prondfood hat dieses überraschende Resultat bestätigt und darüber hinaus errechnet, dass zehn Prozent der deutschen Führungskräfte häufig und 46 Prozent gelegentlich zu spät kommen (Organisationsentwicklung 2003, 91).

Erfolgreiche Menschen scheinen zu wissen, zumindest zu ahnen, dass sie durch die Notwendigkeit, Verschiedenes gleichzeitig tun und berücksichtigen zu müssen, daran gehindert werden, Verabredungen jederzeit zeitlich exakt einzuhalten. Zumindest oberflächlich ähneln sie in ihrem Zeitverhalten Mitgliedern jener Gesellschaften, die, was ihre Wirtschaftskraft betrifft, weit hinter der mitteleuropäischen Bevölkerung rangieren. Wenn es jedoch um die Prämierung des flexiblen Verhaltens geht, so unterscheiden sich Mitteleuropäer ganz entscheidend von den ärmeren Völkern. Die „gemäßigte Unpünktlichkeit" dient in reichen Ländern zuallererst dem Unternehmensziel, in den weniger reichen hingegen meist der Pflege des sozialen Alltagslebens. So ist es auch nicht überraschend, dass die arbeitsorientierten flexiblen Mitteleuropäer – zumindest zur Urlaubszeit – eine tiefe Sehnsucht nach größerer Unpünktlichkeit und tendenzieller Uhrzeitlosigkeit befällt. Dabei legen sie jedoch viel Wert darauf, dass das Flugzeug, das sie in die Regionen der relativen Zeitlosigkeit bringt, auch pünktlich abfliegt. Dort lernen sie dann, für eine begrenzte Zeit mit der Zeit etwas flexibler umzugehen, und fühlen sich so vielleicht manchmal in der Lage, der Maxime Goethes zuzustimmen: „Ein bisschen früher oder später, das tut doch in der Welt nichts."

Wir wollen alle Tage sparen
Und brauchen alle Tage mehr.
(J. W. Goethe/Faust)

10. Multitasking

Wer wissen will, wie sich die Welt der Arbeit verändert, wer erfahren möchte, wohin sich die Qualifikationsanforderungen bewegen, studiert sinnvollerweise Stellenanzeigen. Nicht nur mit dem Ziel, sich beruflich zu verändern oder eine ungewollte Phase der Arbeitslosigkeit zu beenden, sondern auch um in Erfahrung zu bringen, mit welchen neuen Chancen und Zumutungen jene zu rechnen haben, die beabsichtigen, dem Zeitgeist ihre Reverenz zu erweisen.

Neuerdings taucht nun in Stellenanzeigen, neben einer Auflistung der traditionellen Qualifikationen (Hochschulabschluss, soziale Kompetenzen, Fachkompetenz) auffällig oft die Tätigkeitsanforderung auf, mehrere Arbeitsvorgänge gleichzeitig bewältigen oder beherrschen zu können. Gemeint ist damit die Fähigkeit zum so genannten „Multitasking“. Was sich hinter dieser Formel verbirgt, kann inzwischen an vielen Arbeitsplätzen – aber nicht nur dort, auch im Auto, im Zug und in der häuslichen Umgebung – beobachtet werden. Die Menschen neigen dazu, mehrere Dinge simultan zu machen. Sie sortieren ihre Mails, telefonieren, bedienen den Drucker und unterhalten sich noch mit Freunden, und dies alles gleichzeitig. Solche Parallel-Arbeit problemlos handhaben zu können, das wird inzwischen von allen Büroarbeitskräften verlangt. Auch den vielen Managern gelingt es immer seltener, dem Multitasking durch die Delegation von Tätigkeiten zu entfliehen. Insbesondere an den Zentren der Mobilität huldigt man den unterschiedlichsten Parallelaktivitäten. Vorbild und Vorläufer ist der inzwischen multifunktional hochgerüstete Arbeitsplatz von Piloten im Cockpit von Flugzeugen. Dort erkennt man auch die Rationalisierungseffekte, die diese Entwicklung begleitet. Sie bestehen in erster Linie im Abbau von Arbeitsplätzen. Der Flugingenieur ist schon vor längerer Zeit „überflüssig“ geworden, dem Co-Piloten steht dieses Schicksal demnächst bevor. Multitasking ist ein für die Unternehmen zunehmend attraktiverer Versuch – dies wird bei der Luftfahrt besonders augenfällig –, durch personale und technische Rationalisierung sowie durch Arbeitsverdichtung im globalen Wettbewerb Kostenvorteile zu erlangen.

Man trifft jedoch die Tendenz zum Multitasking nicht nur im Arbeitsbereich an. Die Simultaneität von fernsehen, essen und familiärer Kommunikation gehört in Lebensgemeinschaften inzwischen zum gewohnten Multitasking-Alltag. Auch Autofahrer durften inzwischen lernen, was es mit dem „parallel-processing“ auf sich hat. Sie waren zwar immer schon genötigt, die befahrene Straße, die unterschiedlichen Signale am Armaturenbrett und auch noch ihre Kinder auf dem Rücksitz gleichzeitig im Auge zu haben, um in entscheidenden Momenten möglichst flexibel auf das vielfältige Geschehen reagieren zu können. Neuerdings ist die technische Hochrüstung der automobilen Innenausstattung zum fahrbaren Büro in vollem Gange. Die Limousinen der gehobenen Klasse besitzen inzwischen – Vorbild ist auch dafür die Pilotenkanzel – sogenannte „Multifunktions-Cockpits“. Das ist auch notwendig, denn es ist heutzutage kaum mehr möglich, am Straßenrand anzuhalten, um den Weg auf der Landkarte zu finden. So sucht man diesen, ohne den Fuß vom Gaspedal zu nehmen, auf dem Display am Armaturenbrett. Wer einen solchen Trainingskursus in „Multitasking“ im eigenen Auto erfolgreich bewältigt hat, besitzt schließlich alle Voraussetzungen, um die nächstfolgenden Eskalationsstufen in der verdichteten Welt der Parallelverarbeitung anzugehen. Der Internetanschluss im

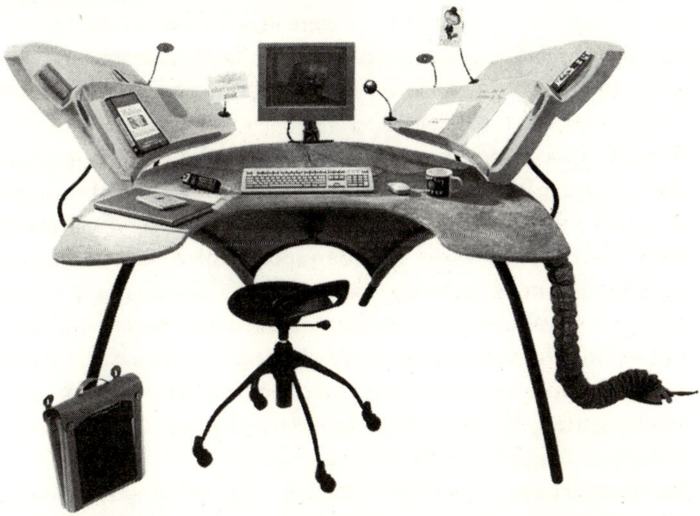

Multitasking am Arbeitsplatz: Eddy Workstation Prototype

Automobil – inzwischen von vielen Herstellern angeboten – eröffnet bisher ungeahnte Möglichkeiten, sich als fortschrittsfreudiger Simultant zu beweisen.

In allererster Linie wird diese Entwicklung zum Multitasking durch die unternehmerische Absicht forciert, die Arbeitskosten durch Zeitersparnis zu reduzieren. Dort jedoch, wo man in der Freizeit die Erlebnisdichte durch Parallel-Arbeit zu erhöhen versucht, sind die Beweggründe eher vielfältig. Manche Simultanten versprechen sich – meist vergebens – eine Erleichterung ihres täglichen privaten Arbeitsaufwandes. Andere versuchen durch Parallelaktivitäten die sie belästigende Langeweile zu vertreiben (was auch nicht immer von Erfolg gekrönt ist), und nicht wenige sind der Überzeugung, ein Leben als Simultant bzw. Simultantin wäre bunter, abwechslungsreicher und interessanter. Darüber hinaus lassen sich – das wird jedoch nur selten offen eingestanden – durch demonstrative Parallelarbeit auch allerhand soziale Konkurrenzvorteile erzielen. Als fortschrittsbewusst, erfolgreich und beneidet, so zumindest erhofft und erwartet man es, präsentieren sich jene, die multifunktional „upgedatet“ sind.

Dort, wo die Täter des Multitasking Karriere machen, gibt es aber auch Opfer der Tätigkeitsverdichtung. In erster Linie gehören dazu all jene Menschen, die aufgrund dieser Entwicklung ihren Arbeitsplatz verlieren. Als Opfer fühlen sich häufig auch jene Fernsehkonsumenten, die es lästig finden – und die sich auch nicht unbedingt daran gewöhnen wollen –, dass in immer mehr Nachrichtensendungen gleichzeitig zwei zusätzliche Informationsbänder in wahrnehmungsfeindlicher Höchstgeschwindigkeit ablaufen. Zu den nicht wenigen Leidtragenden des Multitasking müssen auch Anrufer gerechnet werden, die mit dem lapidaren Hinweis: „Entschuldigung, gerade klingelt es auf der anderen Leitung“ in einer ungewollten Warteschleife landen und dort mit unbestelltem und häufig auch unzumutbarem „Gedudel“ belästigt werden. Für sie zumindest gäbe es den Ausweg – vorausgesetzt sie selbst sind ebenso multitaskingfähig –, während der ihnen aufgenötigten Zwangsunterbrechung etwas anderes zu tun. Das scheinen inzwischen auch immer mehr Zeitgenossen und Zeitgenossinnen zu machen.

Ein Indiz dafür ist die Ankündigung aus dem Bundesverkehrsministerium, die Strafe für Handynutzer am Steuer heraufzusetzen. Für eine größere Zahl von Autofahrern war die Anziehungskraft des Multitasking anscheinend bisher weit höher als die abschreckende Wirkung der bisherigen Strafandrohung. Aber auch die Erhöhung der Geldstrafe wird ihre Wirkung verfehlen, denn die materiellen und die immateriellen Belohnungen, die man durch das Multitasking erwarten kann, sind höher anzusetzen als die drohenden Strafgebühren.

Inzwischen hat sich die Mehrheit der Bevölkerung an das Multitasking gewöhnt, und eine nicht gerade kleine Anzahl von Personen genießt dieses Simultantenleben auch. Das hat zur Folge, dass weniger verdichtete Formen der Zeiterfahrung, die die Alltagsrealität in breitem Maße ja auch anbietet, für eintönig und langweilig gehalten werden. Viele Simultanten und Simultantinnen suchen daher in virtuellen Welten neue, zusätzliche unterhaltsame Zeiterlebnisse. Speziell das Ineinandergreifen realer und virtueller Zeiterfahrungen steigert die Attraktivität von Parallelaktivitäten entscheidend. Nicht mehr nur optimal, sondern multioptional lässt sich das Leben in dieser neuen Welt gestalten. Testen können das all jene, denen der Multitasking-Browser in Form eines 3D-Würfels zur Verfügung steht:

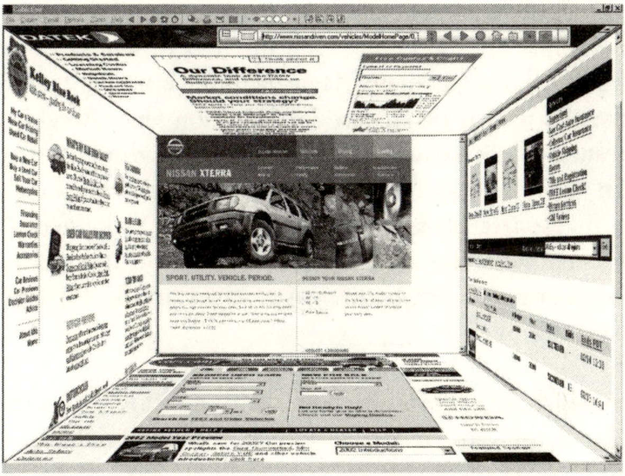

CubicEye-Browser (Mike Rosen)

„Wem alles im Web nicht schnell genug geht oder wessen Aufmerksamkeit unterfordert ist, sollte sich unbedingt den Cubic Eye-Browser des Architekten Mike Rosen herunterladen. Der hat nämlich die Eigenschaft, fünf Webseiten auf einmal präsentieren zu können. „Jetzt rotiere ich zwischen sechs Sites", schwärmt Rosen. „Ich lese also sechs Zeitungen gleichzeitig. Und ich interagiere mit all diesen Zeitungen. Und wenn ich wirklich genau lesen will, dann zoome ich das einfach her und lese es wie in einem normalen Browser. Man kann das wie eine Mall einrichten. Jede dieser Seiten kann ein anderes Geschäft sein. Oder man kann mit drei Menschen chatten und auf den anderen Seiten im Web surfen" (Rötzer 2001). Und dabei noch ein biodynamisches Gemüsesandwich zu sich nehmen, selbstverständlich mit einem Power-Drink. Höchstwahrscheinlich erliegen diesem Angebot zur Multipräsenz nicht sogleich alle Personen. Jene, die bereits mit ihrer Einfach-Präsenz Alltagsschwierigkeiten haben, dürften solchen Offerten verständlicherweise mit einer gewissen Skepsis begegnen.

Kritisch gegenüber Vergleichzeitigungsprozessen zeigen sich auch all jene Personen, die einmal geprüft haben, wie weit die Versprechen des „Zeitgewinns" beim Multitasking realistisch sind. Nicht selten finden sie sich in der Situation jener Beschleuniger, die ihren zeitlichen Aufwand bei der Rasur durch den gleichzeitigen Gebrauch zweier Messer zu verkürzen versuchen. Die dabei eingesparten Sekunden stehen zumeist in keinem ökonomisch sinnvollen Verhältnis zu jenen Minuten, die die Behandlung der blutenden Schnitte im Anschluss an die Multitasking-Rasur kostet.

Die immense Steigerung der Entscheidungsmöglichkeiten, aber auch der damit einhergehende Druck, die Potentiale des Multitasking nutzen zu müssen, werfen die Frage auf, ob der Mensch für die Anforderungen der Parallel-Arbeit auch die notwendige geistige und physische Ausstattung besitzt. Ist der Mensch, und sind speziell seine Organe, überhaupt dazu geeignet, die Anforderungen der Parallelaktivität zu bewältigen und die damit einhergehenden Belastungen zu ertragen? Haben wir für diesen Fortschritt, der ja in diesem Fall weit mehr als nur ein „Schritt" ist, genügend Anpassungspotentiale, um die neuen Herausforderungen an die menschliche Konzentration, die Wahrnehmung und die psycho-physische Belastung bestehen zu können? Gibt es Grenzen, und wo liegen diese?

Auf diese Fragen gibt es mehrere und darüber hinaus auch noch sehr unterschiedliche Antworten. Alle Experten und Expertinnen stimmen zumindest darin überein, den Menschen als ein Lebewesen zu sehen, das in außerordentlich großem Ausmaß prägbar ist. Die bisherige Geschichte der Menschen und der Menschheit belegen dies in überzeugender Art und Weise. Aus der Beschleunigungsgeschichte kennen wir ein Beispiel: Äußerten die ersten Eisenbahnpassagiere (vor 150 Jahren) bei einer Geschwindigkeit von 50 Stundenkilometern bereits große Ängste, klagten über Schwindelgefühle und generelles Unwohlsein, so rasen heutzutage, zumindest in den industrialisierten Regionen der Welt, die Menschen mit weit über 200 km/h durchs Land, ohne dabei um ihr Leben oder ihre Gesundheit zu fürchten. Können wir mit einem ähnlichen Anpassungsprozess auch bei den dynamischen Anforderungen an das zeitverdichtende Multitasking rechnen? Die vorläufige Antwort lautet: „Ja, man kann." Aber Vorsicht – nicht alle Erwartungen sind realistisch.

Neurophysiologen sind mehrheitlich der Meinung, dass das Gehirn nicht dazu geschaffen ist, gleichzeitig mehrere unterschiedliche Dinge mit identisch hoher Konzentration zu steuern. Was es jedoch leisten kann, und das wird ja auch täglich bewiesen, ist die konzentrierte Ausrichtung auf einen einzigen Sachverhalt bei gleichzeitigem Mitverfolgen mehrerer Parallel-Abläufe. Letztere jedoch können nur mit deutlich herabgesetzter Aufmerksamkeit begleitet werden. Solche Situationen sind alltäglich. Bei laufender Musik werden Hausaufgaben gemacht, Autofahrer unterhalten sich mit Mitfahrern oder übers Mobiltelefon mit Abwesenden.

Der Münchner Medizinpsychologe Ernst Pöppel, der die Grenzen des Bewusstseins erforscht und dabei insbesondere die durchs Gehirn festgelegten strukturellen Bedingungen des Zeiterlebens analysiert, kommt zu dem Ergebnis, dass das schnelle Hin- und Herschalten zwischen unterschiedlichen Zusammenhängen das sogenannte „schizoide Denken" fördert. Schizoides

Denken kappt die Verbindungen zwischen dem Erleben verschiedener Abläufe. Es fehlt dem Denken die Nachhaltigkeit der Informationsverarbeitung, es mangelt ihm an einer „Gestalt". Das Geschehene geht dann nicht mehr in Erfahrungen über. Pöppel konnte bei seinen Forschungen nachweisen (2002), dass die Wahrnehmung eines Geschehens mindestens drei Sekunden dauern muss, damit das Gehirn dies als ein eigenständiges Erleben verarbeiten kann. Wie die Erfahrung zeigt, muss aber nicht alles das, was geschieht, vom Gehirn auch verarbeitet werden.

Darüber hinaus gibt es bei der Wahrnehmung Grenzen, die durch die menschliche Sinnesphysiologie gesetzt sind. „Das akustische Sensorium des Menschen scheint in punkto Zeitwahrnehmung am besten abzuschneiden. Zwei kurze Klickgeräusche werden schon als getrennt wahrgenommen, wenn sie zwei bis drei Millisekunden, also zwei bis drei tausendstel Sekunden auseinanderliegen. Der Tastsinn braucht zehn Millisekunden Differenz zwischen zwei Reizen, der Sehsinn gar zwanzig bis dreißig. „Fusionsschwelle" nennen die Forscher die zeitliche Grenze, an der zwei Ereignisse miteinander verschmelzen. Diese Schwelle ist von der Physiologie der jeweiligen Sinneswahrnehmung abhängig und unterscheidet sich daher von Sinneskanals zu Sinneskanal. Im Vergleich zum Ohr ist das Auge ein verhältnismäßig träges Organ" (Schnabel 1998, 71).

Alles, was rascher geschieht, wird als Einheit erlebt. Es kann dann kein Unterschied mehr zwischen den Ereignissen gemacht werden. Die Feststellung, zwei oder mehrere Dinge passierten gleichzeitig, setzt jedoch voraus, dass man diese Ereignisse auch unterscheiden kann. Sie müssen also, paradox formuliert, nicht gleichzeitig geschehen, damit man davon sprechen kann, sie geschehen zur gleichen Zeit. Insofern ist Gleichzeitigkeit grundsätzlich eine Illusion. Die Folgen dieser illusionären Gleichzeitigkeit sind jedoch äußerst real. Täglich bekommt man sie zu spüren. Zumindest wissen wir inzwischen, dass Gleichzeitigkeit zu größerer Hektik führen kann, aber nicht unbedingt zu schnellerem Denken. Pöppel sieht die Entwicklung zum Multitasking pessimistisch: „Auf Dauer werden wir unsere Aufmerksamkeit durch Multitasking aber gewiss nicht stärken – vielmehr verzetteln wir uns sprichwörtlich und schwächen unsere Konzentrationsfähigkeit“ (Pöppel 2000, 32).

Eine solch pessimistische Sichtweise unterstellt, dass durch mögliches Verzetteln und durch den tendenziellen Verlust der Fähigkeit zu konzentrierter Aufmerksamkeit mehr verloren als gewonnen wird. Das aber ist, z. B. im Arbeitsleben, nicht immerzu der Fall. Viele Arbeitskräfte werden heute dafür belohnt, dass sie gerade nicht bei einer Sache bleiben, dass sie sich möglichst schnell und flexibel Neuem zuwenden und sich nicht allzu lange und allzu konzentriert auf ausschließlich ein einziges Geschehen einlassen. Wie sonst wären die aufdringlichen Appelle, mehr Flexibilität zu wagen, zu verstehen? Gehört das „produktive Verzetteln“ nicht inzwischen zu jenen Fähigkeiten im Management, die eine aussichtsreiche Karriere überhaupt erst wahrscheinlich werden lassen? Ist ein Supermarkt, ein Multiplexbahnhof, das Internet oder ein überfrachtetes Frühstücksbuffet nicht etwas gezielt Unübersichtliches, das mehr oder weniger absichtlich zum Verzetteln verführt und das sich letztlich allen konventionellen Verstehensversuchen in konsumfördernder Art und Weise entzieht? Wenn das so ist, dann handelt es sich, um mit Pöppel zu reden, um „Angriffe auf die Konzentrationsfähigkeit“. Diese jedoch sind hochprofitabel. Würde man ansonsten so viel Geld und Energie in die Multitasking-Ausstattung unserer Arbeits- und Lebenswelten investieren?

Was also heute zu lernen wäre und was viele junge Menschen auch häufig bereits gut gelernt haben, ist die Fähigkeit zum schnellen Umschalten zwischen unterschiedlichen Ereignissen. Durch Übung lässt sich die Anzahl der Geschehnisse, zwischen denen man rasch wechseln kann, deutlich erhöhen. Dabei gilt auch weiterhin die Einschränkung, dass nur eines von mehreren Ereignissen in den Mittelpunkt konzentrierter Aufmerksamkeit gestellt werden kann. Multitaskingfähig sind demnach jene Personen, die möglichst rasch zwischen vielen Ereignissen relativ bruchlos hin- und herschalten können. Nicht multitaskingfähig sind dagegen diejenigen, die beim Klingeln ihres Mobiltelefons ihren Taschenrechner ans Ohr halten, ihren Namen nennen und sich wundern, dass darauf niemand reagiert.

Nicht zuletzt wird, speziell im Dienstleistungsbereich, auch von den Überforderungssymptomen der Vergleichzeitigungsdynamik und denen des „parallel-processing“ fleißig profitiert. Die Therapeuten, die Wellness-Center und neuerdings auch die Klöster kümmern sich im eigenen Interesse um die Erschöpfungssymptome der Simultanten und Simultantinnen. Der Ausstieg auf Zeit aus der Welt des Multitasking wird zu deren integralem Bestandteil. Nicht alles jedoch, was an belastenden Folgeproblemen auf die Subjekte zukommt, kann von diesen auch selbst kompensiert werden. Wenn es darum geht, das Leben und die Gesundheit der Bevölkerung zu schützen, ist letztlich auch der Gesetzgeber gefragt. Er nimmt diese Aufgabe inzwischen auch wahr. So beispielsweise, wenn er das Telefonieren am Steuer einzuschränken versucht – dabei aber zu kurz greift. Er hat nämlich durch die Erlaubnis, mittels Freisprechanlage weiterhin im fahrenden Auto mit Abwesenden kommunizieren zu können, nur die Hände der Fahrer entlastet, nicht aber deren Gehirne. Eine solche Verordnung hätte man eher in einer Handwerks- als in einer Wissensgesellschaft erwartet. Ein bei Experimenten mit „Multitaskinggruppen“ festgestelltes größeres Risiko in Entscheidungssituationen gilt selbstverständlich auch für telefonierende Autofahrer mit Freisprechanlagen. Nicht die Hände, sondern die Urteilskraft und die Reaktionszeiten werden, so die Ergebnisse dieser Studien, durch die vergleichzeitigte Aufgabenbewältigung beeinträchtigt.

Wissenschaftler vom „Center for Cognitive Brain Imaging“ der Carnegie Mellon University (USA) haben darüber hinaus mit komplexen Versuchsanordnungen nachgewiesen, dass Menschen nicht gleichzeitig zwei anspruchsvolle visuelle und sprachliche Aufgaben bewältigen können. Bei 18 Versuchspersonen wurden alle drei Sekunden Messungen ihrer Gehirnaktivität mittels funktionaler Kernspin-Tomographie durchgeführt, während sie sprachliche und visuelle Aufgaben lösten. Wurden den Versuchspersonen Sätze vorgelesen, während sie gleichzeitig eine anspruchsvolle visuelle Aufgabe zu bewältigen hatten, nahm die Hirnaktivität, die für die Verarbeitung der visuellen Informationen aufgewendet wurde, um durchschnittlich 29 Prozent ab. Konzentrierten sich die Versuchspersonen hingegen auf die Verarbeitung der visuellen Informationen, sank die für das Sprachverständnis aufgewendete Hirnaktivität gar um 53 Prozent. „Die dem zugrunde liegende Implikation ist", so Marcel Just, der Leiter der Studie, „dass die Beschäftigung mit einem anspruchsvollen Gespräch die Urteilskraft und die Reaktionszeit beeinträchtigen kann, wenn eine untypische oder ungewohnte Fahrsituation entsteht (...) Der Gebrauch von Handys lenkt nicht nur die Augen ab. Das Gespräch selbst lenkt das Gehirn ab" (Forschung & Lehre 9/2001, 483). Für die Mehrzahl der Hochgeschwindigkeitstelefonierer dürfte der Sachverhalt entlastend sein, dass diese Untersuchungsergebnisse ausschließlich für zwei gleichzeitig stattfindende anspruchsvolle Aufgaben Gültigkeit beansprucht. So lassen sich zwei Schlüsse ziehen: Man kann entweder das Telefonieren sein lassen oder sich auf anspruchslose Gespräche beschränken.

Erst kürzlich haben Donald Redelmeier und Robert Tibshirani, die 1997 eine viel beachtete Untersuchung über den positiven Zusammenhang zwischen dem Telefonieren mit Handys und Autounfällen veröffentlicht hatten, auf einige „Missverständnisse" bezüglich ihrer Studie hingewiesen. Sie fanden heraus, dass Fahrer, die ein Handy benutzen, ein vier Mal höheres Risiko eingehen, in einen Unfall verwickelt zu werden als solche, die das nicht tun. Nicht genug beachtet worden sei bisher, dass das höhere Risiko auch dann bestand, wenn der Fahrer mit den üblichen Ablenkungen konfrontiert war: „Mit einem Mobiltelefon ein Gespräch zu führen, ist deutlich riskanter als Radio zu hören, mit den Beifahrern zu sprechen und anderen Aktivitäten nachzugehen, die man beim Fahren ausübt." Das Risiko war im Übrigen genauso hoch, wenn Gespräche entgegengenommen wurden, wie wenn der Fahrer jemanden angerufen hat. Zu beachten ist, dass auch Fahrer, die schon lange Erfahrung im Umgang mit Handys hatten, nicht besser abschnitten. Daraus folgern die Wissenschaftler, dass sowohl das Lernen als auch die Fähigkeit zur Aufmerksamkeit in diesen Situationen an eine Grenze stoßen (Rötzer 2002).

Untersuchungen und Erfahrungen belegen darüber hinaus, dass Menschen, je älter sie werden, sich schwerer mit Multifunktionsanforderungen tun, speziell mit solchen, die schnelle körperliche und geistige Reaktionen verlangen. Mit dem Alter, das ist keine allzu neue Erkenntnis, steigt die Reaktionszeit gegenüber Reizen und Signalen. Bei jungen Menschen hingegen findet man eine andere Folgeproblematik. Eine erheblich größer gewordene Zahl von Heranwachsenden, deren Wahrnehmungs- und Reaktionsgeschwindigkeiten bereits seit ihrer frühen Kindheit durch die Multifunktionsgeräte und Instrumente stark beansprucht wurden, z. B. durch Computerspiele, zeigen Verhaltensstörungen, die inzwischen als krankhaft diagnostiziert werden. Sie leiden zunehmend öfters an einem Defizit, das als Aufmerksamkeitsschwäche bekannt wurde und das von Medizinern und Psychologen AD/HD (Attention Deficit Hyperactivity Disorder) genannt wird.

Jedoch werden diese hier nur angedeuteten problematischen Effekte und Folgen des Multitasking die Dynamik zu mehr Vergleichzeitigung nicht grundlegend bremsen. Multitasking ermöglicht nämlich in hohem Maße jene neuen Freiheiten und Wahlmöglichkeiten, die wir „Fortschritt" nennen. Multitasking ist, wie viele zurückliegende Errungenschaften auch, nicht mit den Kategorien „gut" oder „schlecht" zu bewerten. Es macht unsere Welt nicht besser und nicht schlechter, aber ganz sicher anders.

Der Weg in die zunehmende Zeitverdichtung, die Vergleichzeitigung des Tuns, ist vorgezeichnet. Er wird zuletzt auch deshalb weiter beschritten, weil der Mensch mit zwei grundlegenden Kompetenzen ausgestattet ist, die ihn, wenn er sie denn nutzt, zumindest teilweise von den problematischen Folgen des Multitasking schützen. Zum einen: Der Mensch ist fähig, Entscheidungen zu treffen. Bereits im Kleinkindalter wird diese Kompetenz erworben. Sie schafft sich in erster Linie in dem Sachverhalt ihren Ausdruck, dass man „nein“ sagen kann. Die Fähigkeit, sich zumindest phasenweise zu distanzieren und Zumutungen abzulehnen, wird immer wichtiger: Nur dann lässt sich auch der Widerspruch ertragen, dass, wenn gleichzeitig immer mehr gemacht wird, gleichzeitig auch immer mehr nicht getan wird.

Genauso wichtig ist eine andere Eigenschaft des Menschen: seine Vergesslichkeit. Das Geschenk, das Prometheus den Menschen gemacht hat, kann ein wunderbarer Schutz gegen informationelle Überforderung sein. Wer sich zu dieser Fähigkeit bekennt und dabei ignoriert, dass sie manchmal auch als Makel etikettiert wird, kann damit rechnen, sein Leben entspannter und weniger hektisch gestalten zu können.

If everything is under control,
you're probably too slow.
(Hacker-Weisheit)

11. Multifunktionale Kompetenzen

Multitasking, Vergleichzeitigung, Nonstop-Aktivität, all das steht für die neuen Zeiten, auf die wir uns mit hohem Tempo zubewegen – einerseits gewollt und erhofft, andererseits gedrängt und befürchtet. Ob Enthusiasten der Simultaneität oder Skeptiker des Multitasking – alle sind gefordert, sich möglichst rasch jene Kompetenzen anzueignen, die einen Platz in diesem „Zug der Zeit" gewährleisten. Wer die Welt verändern will, muss sie genauso verstehen und bewältigen wie jene, die sich ihr nur anpassen möchten. Draußen bleiben kann man nicht. Das aber heißt, wie immer man zu den Entwicklungen auch steht: Es gilt für die Welt des Multitasking kompetent zu werden.

Werden wir auf diese neuen Zeiten eigentlich richtig vorbereitet? Besitzen wir dafür die notwendigen Kompetenzen? Können wir die neuen Möglichkeiten und Belastungen der Parallelarbeit nicht nur ertragen, sondern auch produktiv nutzen? Solche Fragen stellen sich den Bildungspolitikern und Bildungsforschern heutzutage. Übereinstimmend kommen sie zu der Erkenntnis, dass es diesbezüglich erhebliche Defizite gibt. Diese gilt es, so ihre einhellige Meinung, möglichst rasch zu beheben. Bei der Antwort auf die entscheidende Frage, wie das denn schließlich geschehen soll, wie schnell und in welchem Umfang etwas getan werden müsste, zeigen die Experten jedoch erhebliche Differenzen: Es gibt viele Wege, die den Weg in eine (Arbeits-)Welt eröffnen, die sich durch eine größer werdende Vielfalt sowie durch eine steigende Vergleichzeitigung der Aktivitäten auszeichnet.

Charles Handy (es handelt sich bei ihm nicht um den Erfinder des Mobiltelefons, sondern um einen bekannten englischen Trendforscher) beschreibt jene neue Arbeitswelt, für die die kompetenten Denk- und Handlungsfähigkeiten zu entwickeln sind:

„Der morgendliche Arbeitsbeginn ist bei St. Luke's eine Erfahrung der anderen Art. Du holst dir dein Mobiltelefon, das über Nacht in der Ladestation war, verstaust deine Siebensachen in deinem Garderobenschrank und marschierst in dein Büro – es ist bloß nicht dein Büro, sondern das Projektbüro des Kunden, für den du diese Woche zusammen mit anderen Teammitgliedern arbeitest. Der Raum wird die Arbeit und die Firmenkultur des Kunden widerspiegeln, und der Kunde ist natürlich jederzeit gern gesehen.

Niemand, nicht einmal der Geschäftsführer, hat ein eigenes Zimmer oder einen eigenen PC. Für die Arbeit gibt es Gemeinschaftstische, zum Entspannen einen Raum mit Computern und Internetanschlüssen, bequeme Fauteuils und Sofas, und das hervorragende Restaurant im Erdgeschoss ist der informelle Treffpunkt oder „Aufenthaltsraum" für alle im Büro. Die Mitarbeiter und Mitarbeiterinnen sind nur über ihre Mobiltelefone zu erreichen. Will man jemanden sprechen, muss man zuerst anrufen und herausfinden, wo er oder sie gerade ist. Die Hierarchie ist auf ein Minimum beschränkt, weil die Firma in Kleinbetriebe zu höchstens 35 Personen gegliedert ist, so kennt jeder jeden, und Funktionsbezeichnungen oder Titel sind nicht notwendig.

St. Luke's ist eine Werbeagentur, eine der jüngsten und gleichzeitig erfolgsreichsten in London, die schon in den ersten drei Jahren ihres Bestehens einige Preise eingeheimst hat. Auf dem Firmenpapier stehen hundert Namen, die Namen der Firmeneigentümer und gleichzeitig die Namen aller, die dort arbeiten, denn St. Luke's gehört zur Gänze den Arbeitnehmern" (1998).

Bei diesem Szenarium fällt auf, dass die arbeitenden Personen nicht mehr gleichzeitig an gleichen Orten anwesend sind, um dort gemeinsam zielführend aktiv zu werden. Wo sie jeweils tätig sind, im Zug, am Flughafen, zu Hause oder im Büro, das ist für das Fortschreiten des Arbeitsprozesses relativ unwichtig, und zu welchen Zeiten sie arbeiten, auch immer mehr. Die französischen Soziologen Luc Boltanski und Eve Chiapello (2001, 466) vertreten daher die These, dass bei der gegenwärtigen Entwicklungsstufe des Kapitalismus jene Individuen als Arbeitskräfte bevorzugt werden, die aktiv und flexibel sind, die ständig neue Projekte generieren können und die die Bereitschaft mitbringen, rasch neue Bindungen und Netzwerke aufzubauen. Die in Deutschland bisher dominierende berufsbildungspolitische Leitkultur, eine möglichst große Zahl von Arbeitstätigkeiten in Berufsbildern zu ordnen und diese zur Grundlage für die berufliche Erstausbildung zu machen, hat sich im Hinblick auf solche Qualifikationen bisher als äußerst widerständig gezeigt. Das für die Berufsausbildung in Deutschland zuständige staatliche Forschungs- und Beratungsorgan, das Bundesinstitut für Berufsbildung, hat in ersten Schritten auf die veränderten Anforderungen reagiert. Beispielsweise wurden in jüngster Zeit einige „neue Berufsbilder" entwickelt und traditionelle Berufsausbildungsgänge wurden so überarbeitet, dass jetzt auch Informationsverarbeitungskompetenzen als zu vermittelnde Lerngegenstände in den Ausbildungsrichtlinien auftauchen.

Eine nicht ganz junge Pressemitteilung (vom 13. 12. 1990) dieses Institutes weist durch seine ungewollt ironische Formulierung in die Richtung der neuen Berufswelt. Es wird dort gefordert: „Das Handwerk braucht ‚multifunktionale' Gesellen." In der Tat, diese benötigt das Handwerk, aber nicht nur das Handwerk. Andere Wirtschaftssektoren sind noch in erheblich stärkerem Maße auf solche Arbeitskräfte angewiesen. Ganz besonders gilt dies für Beschäftigte in der Dienstleistungsökonomie, jenem Sektor, in dem die Arbeitsplätze der Zukunft vermutet werden. Die traditionellen Leitfiguren von Arbeit und Berufsausbildung in Deutschland, der Facharbeiter und der Handwerksmeister, verlieren für die nachwachsenden Generationen ihre ehemals orientierenden und richtungsweisenden Funktionen. Der Simultant und die Simultantin könnten, wenn denn so etwas wie Leitfiguren in einer postmodernen Welt überhaupt noch einen Sinn hätten, ihren Platz einnehmen.

Der Beginn des elektronischen Zeitalters markiert eine Veränderung weltgeschichtlichen Ausmaßes, die maßgeblich von den Veränderungen im Medienbereich vorangetrieben wird. „Mit dem Übergang von der Schriftkultur zur Digitalkultur sind Wandlungen verbunden, die sich nur mit den Wandlungen vergleichen lassen, die mit dem Übergang von der Mündlichkeit in die Schriftlichkeit verbunden waren“ (Assmann 2003, 25). Der Computer, so Assmanns kenntnisreiche Analyse, verändert die Welt in ähnlich grundlegendem Ausmaß, wie es ehemals die Erfindung der Schrift am Ende des 4. Jahrtausends vor unserer Zeitrechnung tat. Akzeptiert man diese These, dann fällt für die heute existierenden Bildungsinstitutionen ein erheblicher Reformbedarf an. Ganz besonders gilt dies für das Teilsystem der berufsbezogenen Aus- und Weiterbildung. Dass ein junger Erwachsener, der eine Berufsausbildung abgeschlossen hat, heutzutage noch, wie früher im Handwerk üblich, als eine Arbeitskraft definiert wird, die „ausgelernt“ hat, scheint zunehmend absurd und behindert den Übergang ins Beschäftigungssystem. Das ist auch der Grund dafür, dass das in Deutschland gesetzlich institutionalisierte Berufsprinzip (Art. 12 Grundgesetz) in Zukunft deutlich an Einfluss und Gestaltungsmacht verlieren wird. Bereits heute wird es durch die radikal veränderten Organisationsformen der Arbeit infrage gestellt.

Für die vielerorts sichtbaren Tendenzen zur Vergleichzeitigung von Arbeitsanforderungen, von Kundenwünschen, von betrieblichen Organisationsabläufen und Dienstleistungsangeboten gibt es zur Zeit noch keine Entsprechung in den etablierten Bildungsinstitutionen. Immer noch ist es jungen Deutschen nur mit allergrößtem Aufwand möglich, berufsbildende und allgemeinbildende Abschlüsse gleichzeitig zu erwerben. Die überaus radikale und scharfe Aufteilung des deutschen Bildungssystems in eines für Berufsbildung und ein anderes, das für die Allgemeinbildung zuständig ist, ist unzeitgemäß und dysfunktional. Die solche Undurchlässigkeit rechtfertigenden politischen und sozialen Strukturen gehören zum Bestand der sich dem Ende zuneigenden Industrieepoche. Eine postmoderne Informations- oder Wissensgesellschaft kann mit diesen strukturellen Rahmenbedingungen nicht auf den Weg gebracht werden, und die Ausbildung dafür noch viel weniger. Das etablierte und gegenüber notwendigen Veränderungen äußerst sperrige dreigliedrige deutsche Schulsystem verhindert und behindert jene „Gleichzeitigkeitsdynamik“, die das Signum des derzeitigen Wandels am Beginn des 21. Jahrhunderts ist. Viel zu stark prägt das industriekulturelle Handlungsprinzip des Eins-nach-dem-anderen heutzutage noch die Ausbildung der jungen Menschen in Deutschland. Sichtbar wird dies durch den höchst problematischen Sachverhalt, dass diese sogleich nach ihrer Entlassung aus der Schule oder der beruflichen Erstausbildung zusätzliche aufwändige Ergänzungs- und Umlernprozesse benötigen. 85 Prozent der Betriebe beispielsweise halten es für erforderlich, ihre Bürofachkräfte nach der Ausbildung sogleich wieder zum Lernen zu schicken. 60 Prozent wünschen, dass sie das Gelernte zumindest ergänzen. Kostenbewusst und effektiv kann sich eine solche Praxis nicht nennen, denn die große Zahl der Umschulungen verursacht einen vermeidbaren hohen Aufwand.

Dass es im Gebälk des Altbaus deutscher Bildung kracht, zeigen darüber hinaus mehrere Vergleichsuntersuchungen, nicht zuletzt die PISA-Studie. Auch das rückläufige Angebot an betrieblichen Ausbildungsplätzen belegt den Reformbedarf nachdrücklich. Die Unternehmen benötigen für ihre Multitasking-Umgebungen und für ihre flexibilisierten Organisationsabläufe Arbeitskräfte mit Doppel- und Mehrfachqualifikationen. Das ist die konsequente und absehbare Reaktion auf die wachsenden Vergleichzeitigungstendenzen in der Arbeitswelt. Nachgefragt werden zum Beispiel sogenannte „Hybridkompetenzen“. Sie bestehen aus Kombinationen unterschiedlicher Fähigkeiten, wie etwa technische und kaufmännische, soziale und betriebswirtschaftliche, elektronische und mechanische. Der „Mechatroniker“ ist einer dieser „Vielseitigqualifizierten“, der an jenen Orten eingesetzt wird, wo die Fachkenntnisse der Informatik, der Elektronik und der Mechanik gleichzeitig zum Einsatz kommen. Mechatroniker sind Generalisten der interdisziplinären Arbeit und des komplexen Denkens.

Das Auslaufmodell „Industriemoderne“ hatte eine Arbeitshaltung verlangt, die auf klaren und eindeutig definierbaren Abgrenzungen basierte. Für sie galten die Imperative: „Die wichtigsten Dinge zuerst“, „Erst ist dies zu erledigen, danach erst das Nächste in Angriff zu nehmen“, „Hier die Arbeit, dort die Freizeit“. An eben diesen Prinzipien hat sich unser Bildungssystem strukturell und inhaltlich weitgehend orientiert. Bis in die Gegenwart ist es davon maßgeblich geprägt. In einer postmodernen Gleichzeitigkeitsgesellschaft jedoch sind solch scharfen Grenzziehungen zwischen den Karriere- und Bildungswegen kontraproduktiv. „Entgrenzung“ heißt das Produktivitätsmodell unserer Zeit und, wenn nicht alles täuscht, noch stärker das der Zukunft. Daher müssen auch die Bildungswege und die Lerninhalte zunehmend nach den Mustern der Parallelität und der Simultaneität organisiert werden.

Darüber hinaus müssen die Ausstattung der Lehranstalten, deren Fächerangebote und die dort realisierte Lehr-/Lernmethodiken auf die Anforderungen des Multitasking ausgerichtet werden. So werden beispielsweise in vielen Schulen die bereits vorhandenen Multitaskingkompetenzen von Schülern und Schülerinnen noch viel zu wenig zur Kenntnis genommen und für den Lernprozess genutzt. Nicht selten langweilen sich daher die Computer-Kids in der Schule und sitzen die Zeit nur mehr ab. Dies tun sie nicht etwa – wie vielfach behauptet – weil sie im

Judith Samen, o. T., 1997, C-Print, Plexiglas, gerahmt, 150 x 107 cm

Lernprozess unter- oder überfordert sind, sondern weil die in der Schule praktizierten Lernstrategien und Lerninhalte nur sehr mangelhaft mit der Lebens- und Arbeitswelt außerhalb der Bildungsinstitution in einen sinnvollen Zusammenhang gebracht werden können („Warum soll ich das eigentlich lernen, wofür brauch' ich das?").

Die Qualität des Lernens entspricht häufig nicht jener Komplexität des Multitasking, die eine große Zahl von Schülern und

Schülerinnen inzwischen problemlos zu bewältigen in der Lage ist. Lernen aber wird erst dann und dort wieder als eine sinnvolle Anstrengung akzeptiert, wenn an die von den Jugendlichen mitgebrachten komplexen Erfahrungen angeknüpft und auf eine erwartbare zukünftige Berufswelt vorbereitet wird.

Damit die bisherigen Ausführungen nicht allzu sehr im Abstrakten und Generellen verharren, werden in einem nächsten Schritt Konkretisierungen des in der Zukunft benötigten Kompetenzprofils gewagt. Es kann sich dabei nur um einen zurückhaltenden und vorläufigen Versuch handeln, da das, was die Zukunft bringt und benötigt, in postmodernen Zeiten unsicherer und offener denn je ist. Daher gehört zu einer zeitgemäßen Bildungskultur auch viel Offenheit, Offenheit zur kontinuierlichen Veränderung von Lernzielen, Lerninhalten und Lernmethoden. Notwendig ist dies nicht zuletzt, weil die Welt, auf die Bildungsinstitutionen vorbereiten, sich noch erheblich schneller wandelt, als es diesen selbst möglich wäre.

Neue Kompetenzen

Es sind zwei Basiskompetenzen, die für die Bewältigung der inzwischen installierten Gleichzeitigkeit, speziell die in der Arbeitswelt, unverzichtbar sind. Das ist zuallererst die Fähigkeit, sich ohne längerfristige feste Orts- und Zeitbindung zurechtzufinden und produktiv arbeiten zu können. Wer sich nicht hochmobil und zeitflexibel zeigt, muss mit Einbußen bei der Lebensqualität rechnen. Nur mehr jene können eine Karriere im Arbeitsleben erwarten, die die für das Multitasking notwendigen Geräte und Instrumente bedienen und deren multifunktionales Potential auch nutzen können.

Eine zweite Basiskompetenz besteht in der Fähigkeit zur kreativen Ignoranz. An das gezielte und bewusste Vergessen und Ignorieren werden in einer mit Gütern, Informationen und Erlebnismöglichkeiten überfüllten Welt immer höhere Anforderungen gestellt. Einmal gelerntes Wissen lässt sich zwar nicht mehr wieder „wegwissen", aber es lässt sich ignorieren, und man kann ihm die Aufmerksamkeit entziehen. Beispielsweise durch selektives Lesen, durch Weghören und Wegsehen. Wer alles das, was um ihn herum geschieht, aufnehmen und wahrnehmen will, erreicht rasch die Belastungsgrenze. Die darauf ausgerichteten notwendigen Teilkompetenzen, die in keinem deutschen Ausbildungs-Berufsbild auftauchen, sind unter den Etiketten „Surfen", „Zappen", „Switchen" bekannt. Für die fachgerechte Bedienung und Nutzung der Multifunktionsinstallationen sind sie unverzichtbar.

Wolfgang Herles (2001) beschreibt den Surfer, den er einen „Change-Manager im Einmannkonzern" nennt, in trefflichen Bildern:

- „Wer surft, kann eben kein schweres Marschgepäck brauchen, darf sich nicht auf Lebenszeit einrichten, sich nicht belasten mit Traditionen oder Weltanschauungen. Surfer schauen nach vorn, sind gewissermaßen rücksichtslos.
- Surfer geben sich der Illusion hin, das Steuer in der Hand zu halten. In Wahrheit klammern sie sich an einen Mast mit Gelenk – also an nichts als den Wind.
- Surfer überlassen sich Kräften, die sie nicht beeinflussen können, und doch schaffen sie sich die Illusion, sie selbst seien es, die den Kurs bestimmen. Keine Frage: eine Kunst, die Hochkonjunktur hat (...)
- Surfen ist die einzig erfolgreiche Strategie in einem Spiel, das nach den Regeln der Chaostheorie funktioniert (...)
- Kritiker betonen, Surfer besäßen keinen Standpunkt. Richtig: Surfer haben niemals sichere Planken unter den Füßen. Aber sind sichere Planken nicht eine Vorstellung aus dem Zeitalter der „Titanic"?
- Surfer wollen der Welt nicht ausgeliefert sein und zugleich ganz mit ihr eins sein.

- Surfer glauben, den Wind selbst zu machen, der sie vor sich hertreibt.
- Surfen ist permanentes Erkunden von Möglichkeiten. Das größte Unglück des Surfers ist der Verlust von Alternativen. Er ist der multioptionale Mensch der Postmoderne. Ihn schreckt der rasende Wandel der Welt nicht, weil er sich längst auf alle Wechselfälle eingestellt hat. Der Wandel ist ihm Zweck und Selbstzweck zugleich (...)
- Flieht der Surfer vor der Flut – oder ist er ihr nur voraus? Es macht für ihn keinen Unterschied.
- Surfer sind nirgends zu Hause. Deshalb fühlen sie sich nirgends fremd. Notfalls entkommen sie in virtuelle Welten“ (322f).

Wer bei solcher Beschreibung des „Surfers“, der dem Sozialcharakter des „Simultanten“ entspricht, für die neuen Zeiten Schreckliches befürchtet, wer den Kulturverfall für unabwendbar hält und die Arbeitsmoral bedroht sieht, derjenige wird sich täuschen. Die Lebens- und die Denkweisen der „Surfer“ sind nur konsequente und daher auch sinnvolle Reflexe auf die gegenwärtig ablaufenden gesellschaftlichen, sozialen und ökonomischen Veränderungsdynamiken.

Simultanten beherrschen zwei unterschiedliche Fähigkeiten: die gezielte und die periphere Aufmerksamkeit. Das erfordert von ihnen immerzu einen anspruchsvollen Balanceakt zwischen notwendigem Tun und gezieltem Unterlassen. Wer mitkommen will, muss eine Menge lernen, aber auch auf vieles, was man auch noch lernen könnte, verzichten. Daher ist das Lernen des Nichtlernens, genauso wie das Lernen des Lernens, ein wichtiger Teil jener Grundkompetenz, die oben „kreative Ignoranz“ genannt wurde. Bereits sehr frühzeitig, 1957, hat der Literatur-Nobelpreisträger Heinrich Böll dem Vergessen sogar den gehobenen Status einer Berufstätigkeit verliehen. In seiner kleinen Erzählung „Der Wegwerfer“ schildert er die Arbeit eines Angestellten, dem die Aufgabe übertragen wurde, täglich die Post vorzusortieren und die überflüssigen Zugänge unbesehen zu entsorgen. Die Ehrfurcht, die Böll dieser Tätigkeit entgegenbrachte, zeigte sich in der Charakterisierung des Wegwerfers als einem „gebildeten Herrn mit guter Qualifikation". Erheblich mehr Arbeitsmarktchancen als im Jahre 1957 haben „Wegwerfer" heutzutage. Was Böll aber noch nicht wissen konnte, ist der Sachverhalt, dass sich dic Elektronik heute beim Wegwerfen und Vergessen selbst hilft. Computerabstürze befreien und entlasten in radikaler Art und Weise. Und zu unserer Entlastung – so zumindest liest man es in soziologischen Lehrbüchern – ist die Technik schließlich ja erfunden worden.

Versucht man einen zweiten, weitergehenden Konkretisierungsschritt zur Beschreibung jener Fähigkeiten, die in der Zukunft vonnöten sind, so bietet sich an, diese zu Kompetenzbündeln zusammenzuschnüren. Gebraucht werden:

Vielfaltskompetenz

Gemeint ist damit die Fähigkeit, den Umgang mit der Gleichzeitigkeit des Unterschiedlichen produktiv zu gestalten. Unterschiedliches und Unterschiede müssen erkannt, ertragen und genutzt werden. Dazu zählt auch die Qualifikation, Gegenstände, Abläufe und Ereignisse aus verschiedenen Perspektiven gleichzeitig wahrnehmen und bearbeiten zu können. Entwickelt werden muss in diesem Zusammenhang auch die Fähigkeit, rasch zwischen konzentrierter Aufmerksamkeit und schnellem Handeln wechseln zu können. Das bedeutet, fähig zu werden, zwischen unterschiedlichen Zeitformen (Schnelligkeit, Langsamkeit, Warten, Wiederholungen usw.) und verschiedenen Zeitmustern (Rhythmus, Takt) hin- und herzupendeln. Vielfaltskompetenz erlangt man konsequenterweise durch die Aneignung vielfältiger Kompetenzen und die produktive Vernetzung unterschiedlicher Fähigkeiten.

Grenzüberschreitungskompetenz

Dabei geht es um die Fähigkeiten, sich von traditionellen Abgrenzungen und Standardisierungen zu befreien, um sie situationsgerecht in begründeter Art und Weise zu überschreiten. Solche Grenzüberschreitungsfähigkeiten betreffen zuallererst die räumliche Mobilität (Flexibilität am Arbeitsplatz, zwischen Arbeitsplätzen und wechselnden Arbeitsorten) und die zeitliche Elastizität (flexibler Umgang mit Arbeits- und Freizeit, Zeitflexibilität im Tages- und Wochenverlauf), und sie betreffen drittens die inhaltliche Flexibilität (Integration und Überschneidungen von Arbeiten und Lernen, von Öffentlichem und Privatem, von Ernstem und Unterhaltsamen, von Altem und Neuem).

Sozial-kommunikative Kompetenz

Diese benennt in erster Linie alle Fähigkeiten zur Initiierung, zur Begleitung, zur Steuerung und zum erfolgreichen Abschluss von sozialen Entwicklungen. So etwa die von Projekten, von Teamarbeiten, von Lebensgemeinschaften und immer öfters auch diejenigen von Freundschafts- und Liebesbeziehungen. Situative und soziale Verhandlungs-, Anpassungs- und Problemlösungskompetenzen zählen mit zu diesen neuen Steuerungs- und Gestaltungsfähigkeiten. Um sich in der zunehmenden Offenheit und Komplexität sozialer Dynamiken zurechtfinden und diese mitgestalten zu können, schließen solche sozial-kommunikativen Kompetenzen auch einen großen Anteil methodischer Fähigkeiten ein. Diese sind darauf auszurichten, soziale Systeme flexibel zu halten, um sie elastisch steuern zu können.

Übergangskompetenz

Sie bezeichnet die Fähigkeit, die immer häufiger auftretenden Brüche und Übergänge in der Arbeitswelt und im Privatleben konstruktiv bewältigen zu können. Berufsbiographische, tätigkeitsbedingte, lernorientierte, soziale und interkulturelle Übergänge müssen in einer Allgegenwart des Digitalen mit einer

Qualität gesteuert werden, bei der sinnvoll mit Vergangenem abgeschlossen werden kann, bei der Unsicherheiten in der Übergangssituation identifiziert, benannt und bearbeitet werden und auf dieser Grundlage dann wiederum neue Anfänge möglich werden. Der globale Wettbewerb ist durch die Anforderungen gekennzeichnet, die traditionellen Grenzen zwischen Systemen, Kulturen, Denktraditionen und Mentalitäten zu überschreiten und zu kombinieren. Interkulturelle Kompetenzen sind daher unverzichtbar.

Balancekompetenz

Sie bezeichnet Qualifikationen, um Erwartungssicherheit unter Bedingungen von Unsicherheit, von steter Veränderung und schwindender Transparenz herstellen zu können. Mit Hilfe dieser Kompetenz wird die Flüchtigkeit der Lebensphasen und der Lebenspläne, speziell die des Arbeitslebens, erträglich und fruchtbar gemacht. Es muss gelernt werden, mit Unsicherheiten konstruktiv umzugehen. Konflikte wären, solange sie sich als produktiv zeigen, offen zu halten, Widersprüche als real und vielfach auch als nützlich anzuerkennen. Dies gilt ganz besonders bei der Arbeit mit neuen Kommunikations- und Medientechnologien, die eine kontinuierliche Balance zwischen Realem und Virtuellem von den Nutzern abfordern. Die Fähigkeit zur Selbstbeobachtung ergänzt diese Kompetenz in entscheidendem Maße. Nur mit Hilfe von Balancekompetenzen lassen sich die eigene Biographie und die Karriereerwartungen mit den raschen Veränderungen der Umwelt in einen sinnvollen Einklang bringen.

Dieser hier nur in unzulänglicher Art und Weise ausgebreitete Kompetenzfächer vermag zwar Perspektiven für Bildungsinitiativen und Lernagenturen abzugeben, er beschreibt aber nur im Ansatz die konkreten Anforderungen, mit denen all jene, die sich in die Areale der Multiaktivität begeben, schließlich konfrontiert werden. Diesbezüglich noch detaillierter werden zu wollen, wäre vergeblich und kontraproduktiv. Kompetenzbeschreibungen haftet immerzu der sinnvolle Makel des Generellen an. Dies muss auch so sein, da denjenigen, die den strapaziösen Weg in die Zukunft auf sich nehmen, eine Mitentscheidung darüber zugebilligt werden muss, wohin sie gehen wollen und welche Fähigkeiten sie dazu schließlich benötigen. Erfolgreich werden nur die Forrest Gumps dieser Welt sein, die, so der Hauptdarsteller dieses Erfolgsfilms, das Leben als Pralinenschachtel begreifen, bei der „man ja auch nie weiß, was einen als Nächstes erwartet".

Die Gesellschaft hat bereits auf diese veränderte Situation reagiert. Sie hat Konzepte der Balancearbeit installiert. Davon sind zwei Formen erwähnenswert:

Balancearbeit I: Work-Life-Balance

Wo Arbeit in einer Art und Weise organisiert ist, dass sie weder einen festgelegten Anfang noch ein fixes Ende mehr kennt, wo die Einzelnen über den Verlauf ihres Arbeitsfortschritts selbst bestimmen und dies von ihnen auch verlangt wird, dort steigt der Bedarf nach Balancearbeit überproportional. Die Auflösung und die Entgrenzung traditioneller Zeitmuster, die diffuse Durchdringung von Wirklichkeit und Illusion, von Realem und Virtuellem, führt auf den ersten Blick zu einer zeitlichen „Unordnung". Ganz besonders trifft dies auf jene Personen zu, deren Anwesenheit im Betrieb für die Erbringung der Arbeitsleistung nicht mehr länger erforderlich ist. Für sie wird der Umgang mit „zerstreuten Zeiten" und „zerstreuten Orten" zu einer alltagsbegleitenden Daueraufgabe. Sie sind genötigt, zumindest ein Minimum an Ordnung immerzu selbst wieder herzustellen. Hilfen dafür finden sie beim Beratungsgewerbe, das sich für seine einschlägigen Angebote einen attraktiven Begriff hat einfallen lassen: „Work-Life-Balance". Die Offerten, tendenziell orientierungslose Menschen bei ihrer alltäglichen Gleichgewichtsarbeit beratend zu unterstützen, füllen inzwischen die Annoncenteile vieler Fachzeitschriften. Multimediale Ratgeber, Seminare, Trainings und Einzelberatungen sind auf diesem Markt erfolgreich. Das ist ein untrügliches Indiz für den Sachverhalt, dass die Zahl jener, die ihre Balancearbeit zwischen Arbeit und Familie, zwischen Privatem und Öffentlichem nicht problemlos bewältigen können, zugenommen hat.

Das Wachsen von Entscheidungs- und Möglichkeitsvielfalt, die als willkommene Schritte zu größeren Freiheiten und wachsendem Wohlstand begrüßt werden, scheint mit hohen zusätzlichen Belastungen für die Subjekte verbunden zu sein. Mit den Potentialen der Gleichzeitigkeit steigt nämlich auch die Gleichzeitigkeit widersprüchlicher Erwartungen. Der Chef will etwas anderes als die Ehefrau, und die Kinder wieder etwas anderes als die Freunde, die Freundinnen und die Kollegen. Bei den dabei notwendigen fragilen Jongleursakten kommt man selbst zunehmend seltener dazu, die eigenen, nicht selten ebenso widersprüchlichen Erwartungen auch noch irgendwie zufrieden zu stellen. Die Zahl der unterschiedlichen Teil-Realitäten, auch dies ein Effekt des Vergleichzeitigungseffektes, steigt an. Nicht selten benötigt man daher Hilfe, um diese zu kombinieren, zu verknüpfen und zu integrieren. Immer häufiger ist es auch notwendig, sich von belastenden Einflüssen abzugrenzen und auf die Nutzung von attraktiven Angeboten, Möglichkeiten und Entscheidungen zu verzichten.

Der postmoderne Mensch muss in einem Ausmaß wie nie zuvor seine Energien einteilen, sie balancieren und verteilen. Er ist gezwungen, einen größer werdenden Anteil seiner Kräfte in Balance-Arbeit zu investieren. Er muss sich immer mehr zumuten, nicht zuletzt, weil die Verhältnisse auch immer mehr zulassen. Das fordert große Anstrengungen. Nicht selten wird dabei die Belastungsgrenze erreicht. So etwa provozieren flexible Arbeitszeiten täglich neuen großen Aufwand, um die optimale Ausgewogenheit zwischen Arbeit, Familie und Erholungszeiten herzustellen. Ebenso bedürfen die vielen gleitenden Übergänge, beispielsweise jene in die unterschiedlichen „Ruhestände“, großer Veränderungsanstrengungen. Unentwegt muss etwas für das Gleichgewicht getan werden, denn immerzu ist die eigene Balance-Ökonomie und die der sozialen Umwelt gefährdet.

Ein Beispiel: Das in vielen Lebensgemeinschaften (noch) übliche gemeinsame Abendessen verlangt in multioptionalen Zeiten, in denen gleichzeitig vieles andere getan werden kann, einen erheblich höheren Koordinationsaufwand als in einer Umgebung, in der die Handlungsalternativen relativ gering sind. In den letzten Jahren sind die zeitlichen Möglichkeiten des Einkaufs, des Konsums, der Mediennutzung, bis weit in den Abend hinein verlängert worden. Sie alle treten neuerdings in zeitliche Konkurrenz zur gewünschten Familienzusammenführung bei Tisch. Die sozialen Lebensgemeinschaften sind aber gefährdet, wenn sich deren Mitglieder in zeitlicher und örtlicher Hinsicht immerzu flexibel verhalten. Mit dem Mobiltelefon als dominantem zeitlichem Koordinationsmedium kann auf Dauer kein zufrieden stellendes Familienleben aufrechterhalten werden. Es ist zwar paradox, aber man muss für ein funktionierendes Privatleben all das wieder neu lernen, was man für die Berufskarriere gezielt verlernt hat: Die Stabilisierung und das Aufrechterhalten langfristiger zeitlicher und lokaler Verbindlichkeiten. In seinen Tagebüchern hat Friedrich Hebbel (am 19. 8. 1843) dies in eine Maxime gefasst, die heute aktueller ist als zu seiner Zeit: „Rasch und langsam leben. Das eine heißt, das Leben genießen, das zweite: sich die Gelegenheit zum Lebensgenuß erhalten, das Mittel mit dem Zweck erkaufen."

Man muss, um sozial und familiär leben zu können, auf viele Möglichkeiten, die die Vergleichzeitigung bietet, verzichten. Work-Life-Balance-Beratung kann hierbei unterstützend tätig werden. Sie kann Wege aufzeigen, wie man die Gleichzeitigkeiten unterschiedlicher Ansprüche versöhnt, ohne sie zu eliminieren. Konkrete Problemlösungen jedoch können nicht von ihr erwartet werden, denn dafür benötigt man Zeit, und diese Zeit sollte man in die Balance-Arbeit vor Ort, nicht in die Beratung investieren.

Befreit von dem Zwang, immerzu eins nach dem anderen machen zu müssen, befreit auch von dem Zwang, sich tagtäglich zur gleichen Zeit am gleichen Ort zur Arbeit einzufinden, sind die Subjekte schließlich dazu verurteilt, kontinuierlich Work-Life-Balance zu betreiben und für diese ununterbrochen abgeforderte Leistung auch kompetent zu werden.

Balancearbeit II: Konzentrierte Unaufmerksamkeit

Mit der Veränderung unserer Zeitmuster, mit dem Wandel unserer zeitlichen Lebensweise, ändert sich auch die Sinneswahrnehmung der Subjekte. Zuallererst betrifft dies die Wahrnehmung von Zeit und die Qualität des Umgangs mit dem Zeitlichen. Ein Teil jener Belastungen, die heutzutage Anlass zur Klage sind, lassen sich auf den Sachverhalt zurückführen, dass unsere Wahrnehmungs- und Reaktionsformen erst in sehr begrenztem Umfang den vielfältigen Anforderungen und Potentialen der neuen Techniken und Technologien angepasst sind. Marshall McLuhan hat in seinem bahnbrechenden Werk „Understanding Media“ (1964) darauf hingewiesen: „Heute erfolgen Aktion und Reaktion fast gleichzeitig. Wir leben jetzt gewissermaßen mythisch und ganzheitlich, aber wir denken weiter in den alten Kategorien der Raum- und Zeiteinheiten des vorelektrischen Zeitalters.“

Vierzig Jahre nach der Niederschrift dieser Diagnose zeigt sich die Abfolge von Aktion und Reaktion in noch erheblich beschleunigtem Ausmaß. Durch die telekommunikative Hochrüstung ihrer Spielzimmer werden Kinder auf diese neue Welt und deren Zeitmuster frühzeitig vorbereitet. Sie lernen wie selbstverständlich mit dem Bildschirm, mit rasch wechselnden Zeichen, Symbolen und Bildern umzugehen und eignen sich die dafür notwendige Wahrnehmungs- und Handlungsgeschicklichkeiten in spielender Art und Weise an. Man sieht Kleinkinder, die, sobald sie auf eigenen Füßen stehen können, ein handyartiges Instrument bedienen, das ihnen per Knopfdruck die verschiedensten Zeichentrickfilme liefert. Sie telefonieren ohne Probleme, lange bevor sie die Schule besuchen; und ohne lesen zu können, beherrschen sie die Computertastatur so perfekt, dass sie zu „internetten" Kontakten fähig sind. Das ist für viele Eltern in mehrfacher Hinsicht entlastend. Einerseits sind diese dank „elektronischer Nabelschnur" stets informiert, wo sich ihre Kinder gerade befinden. Andererseits können sie die Hilfe ihrer Kinder in Anspruch nehmen, wenn sie selbst einmal Computerprobleme haben. Darüber hinaus sind die „Kids" durchgehend beschäftigt und stören nicht bei der schwierigen Bewältigung der Anforderungen des elterlichen Gleichzeitigkeitsalltags. In diesem Alltag werden ehemals gewohnte und dominierende produktive Zeitformen, wie die der Dauer, der Beschaulichkeit, des Beharrens, zurückgedrängt, während all jene Zeitqualitäten, die der Verdichtung von Prozessen dienen, wie das rasche Abbrechen, das sofortige Wiederanfangen, das Ein- und Ausschalten, diese ersetzen. Damit jedoch wird, wie des Öfteren irrtümlich behauptet, nicht etwa Zeit „gespart", diese wird vielmehr stärker komprimiert. Analoges geschieht auch mit der Aufmerksamkeit. Sie ist gleichzeitig zu fokussieren und zu verteilen. Das ist beispielsweise für Kunstkenner keine gänzlich neue Anforderung. Immer schon haben diese in Galerien, in Ausstellungen oder bei Buch- und Kunstmessen ihre Aufmerksamkeit auf bestimmte Objekte konzentriert und dabei das darüber hinaus Präsentierte nicht völlig aus ihrer Wahrnehmung ausgeblendet.

Eine ähnliche Form der Aufmerksamkeitsbalance verlangte Sigmund Freud von den Psychoanalytikern. Sie sollen sich, so seine Forderung, bei ihrer Arbeit hochkonzentriert auf die Klienten einlassen, mit einer Haltung, die er „gleichschwebende Aufmerksamkeit" nannte. Diese Form der Konzentration soll die Therapeuten letztlich davon abhalten, vorschnell Bewertungen und Interpretationen zu treffen. Das vom Klienten angebotene Material, speziell auch die „kommunikativen Nebengeräusche", sind dabei vom Analytiker vorurteilsfrei wahrzunehmen, um sich völlig auf das Erkennen des verborgenen Unbewussten konzentrieren zu können. „Hören mit dem dritten Ohr“ hat Freuds Kollege Theodor Reik (1948) dies mit einem treffenden Bild genannt. Eine derartige Haltung des „Überschauens“ ist zwar nicht leicht zu realisieren, aber sie ist erlernbar. Darin müssen sich heutzutage viele Menschen üben, nicht nur Psychoanalytiker.

Darüber hinaus stellt die konturlose Durchmischung von realen und virtuellen Kommunikationssphären, die sowohl in der Arbeit als auch in der so genannten „Freizeit“ vermehrt vorkommt, bisher nicht gekannte neue Anforderungen an die Qualitäten der Aufmerksamkeit. Das Angebot von Geräten und Instrumenten, die die Subjekte dabei unterstützen, belastende Situationen ohne Überforderung der Aufmerksamkeitspotentiale bewältigen zu können, ist inzwischen relativ breit. Filter, Mail-Boxes, Power-off-Tasten stehen zur Verfügung, damit man sich der persönlichen Erreichbarkeit zeitweise auch entziehen kann. Der Schutz vor Überlastung durch pausenlose Reizüberflutung und einer Vielfalt von Ablenkungsangeboten ist jedoch über die Technik allein nicht zu leisten. Auch die zweite, die angelernte Natur des Menschen muss auf diese neuartigen Belastungen hin weiterentwickelt werden. Ohne subjektive Filter- und Immunsysteme wird der „Fortschritt“ nicht ertragbar sein und werden seine Chancen nicht genutzt werden können. Nicht zuletzt ist dies auch ein Grund dafür, dass die Simultanten und die Simultantinnen dieser Tage gezwungen sind, lebenslang zu lernen. Wer sich diesem Dauerlernprozess entzieht, ist dazu verurteilt, in der neuen Welt der rasch wechselnden Zeichen und Bilder eine Existenz mit permanent überschwemmtem Bewusstsein zu führen.

„Ah, dass ich nicht alle Menschen und überall bin!“

(FERNANDO PESSOA)

12. Die Höhen der Zeit und die Tiefen des Subjektes

Je schneller sich die Zeiten verändern, je rascher das Neue durch das Neuere überholt, reformiert, renoviert oder revolutioniert wird, um so unerbittlicher werden die Menschen genötigt, immerzu auf der Höhe der Zeit zu sein! Zumindest sind sie zum Nachweis gezwungen, sich stets darum zu bemühen. Da dies unter den Bedingungen des permanenten Wandels eine endlose Aufgabe ist, werden sie darüber hinaus dazu verurteilt, ihr Leben als Hoffende, Suchende und Lernende zu gestalten. Ununterbrochen haben sie zu befürchten, Wichtiges verpasst, das Falsche erwartet und immer zu wenig gelernt, erfahren, gesehen, gehört oder gelesen zu haben.

Ebenso wie im Arbeitsleben hat auch im Privaten das traditionelle Entwicklungsmuster des Eins-nach-dem-anderen seine Wirksamkeit verloren. Die Vorstellung, dass die Subjekte ihr Leben nach einer Ordnung organisieren, die sich an dem Leitbild einer aufsteigenden Linie ausrichtet, wird von der Realität widerlegt. Auch dies ist kein Anlass von „Rückschritt“, „Kulturverfall“ oder sogar – wie einige französische Philosophen – vom „Tod des Subjekts“ zu sprechen. Es wäre extrem einseitig, diese postmoderne „biographische Unordnung“ der Lebensläufe ausschließlich unter Aspekten dessen zu bewerten, was verloren geht und was an biographischen Risiken neu auftaucht. Der „Zick-Zack-Verlauf“ postmoderner Lebensgestaltung hat nämlich eine nicht zu unterschlagende befreiende Seite, durch die neue Entwicklungschancen für die Subjekte eröffnet werden, die ihnen ehemals verschlossen blieben. Die in früheren Zeiten anerzogenen und teilweise andressierten Verhaltensimperative der modernen Industriegesellschaft haben die Individuen in ihrem Verhaltensspektrum und in ihren Denkhorizonten eingeengt und begrenzt.

In erster Linie ist dabei die spürbare Abnahme des Drucks zu nennen, für die Zeitorganisation der subjektiven Lebensgestaltung immerzu und überall die alternativlosen Zeitmuster von Uhr und Kalender anwenden zu müssen. Diese Erkenntnis erlaubt jedoch nicht den Schluss, der Wandel von einer modernen zu einer postmodernen Zeitkultur würde für die Subjekte notwendigerweise zu größerer Zeit-Souveränität führen. Auch in einer Umgebung, in der die Zeitvielfalt und Vergleichzeitigung dominiert, werden die Menschen mehrheitlich „vorwärts" gerissen, ohne in der Lage zu sein, auf diese Entwicklung allzu viel Einfluss zu nehmen. Es bleibt ihnen im Großen und Ganzen, wie in den vorangegangenen Zeitepochen ebenso, auch heute nicht viel anderes übrig, als sich auf die neuen Bedingungen einzustellen. Dazu gehört in allererster Linie der Sachverhalt, dass das Subjekt, wie nie vorher in der Geschichte, auf sich selbst verwiesen und damit „zukunftsoffen" ist. Zygmut Baumann (1995, 357f.) nennt den postmodernen Menschen einen „Pilger ohne Ziel", einen „Nomaden ohne Route". Zu Hause ist der simultane Mensch dort, wo er seine E-mails liest. Fast ein Jahrhundert vor ihm bereits hatte Friedrich Nietzsche (Werke II, 127) die Fragen gestellt, die das postmodern entkernte Individuum lebenslang zu stellen genötigt ist: „Wohin bewegen wir uns? Fort von allen Sonnen? Stürzen wir nicht fortwährend? Und rückwärts, seitwärts, vorwärts, nach allen Seiten? Gibt es noch ein oben und unten? Irren wir nicht wie durch ein unendliches Nichts?"

Generell und ganz formal gesehen hat sich im Laufe der Geschichte nicht allzu viel geändert. Der vormoderne Mensch hatte genauso Probleme, sich in jener Welt, in die er hineingeboren wurde, zurechtzufinden und sich mit den jeweils herrschenden Bedingungen zu arrangieren, wie der moderne und der postmoderne. Aber die Welt, an die es sich jeweils anzupassen galt, hat sich tiefgehend und fundamental verändert. Niemals zuvor waren die äußere und die innere Welt der Subjekte so widersprüchlich, so fragmentiert, so flexibel wie heute. Menschheitsgeschichtlich einmalig ist es, in welch großem Ausmaß die Individuen heute ihr Leben selbst gestalten und aktiv beeinflussen können, müssen und dürfen. Dass es sich hierbei um eine höchst risikoreiche Entwicklungsaufgabe handelt, die allzeit vom Scheitern bedroht ist, erlebt ein Großteil der Subjekte tagtäglich. Sie gleichen dem Wanderer in Schuberts „Winterreise“, der feststellt: „Muss selbst den Weg mir weisen in dieser Dunkelheit“.

Der Münchner Sozialpsychologe Heiner Keupp ist zusammen mit seinen wissenschaftlichen Mitarbeitern und Mitarbeiterinnen der Frage nachgegangen, wie es den Subjekten in dieser zerrissenen und von Widersprüchen gezeichneten Welt eigentlich gelingen kann, so etwas wie eine „Identität“ auszubilden und herzustellen. Ihre Untersuchungen, Auswertungen und Interpretationen belegen eindrücklich, dass es der permanente Umbruch, die stete Veränderung und die zeitliche Ortlosigkeit ist, die die zentralen Erfahrungen der heute lebenden Menschen ausmachen. Keupp u. a. (2002) sprechen von einer „Patchwork-Identität“, die sich die Subjekte in der Postmoderne (die Keupp „Spätmoderne“ nennt) gezwungen sind zu erarbeiten. Besonders einflussreich und wirkungsvoll sind in diesem Zusammenhang die verbreiteten Entgrenzungstendenzen ehemals relativ starrer und langfristig gültiger Orientierungsmuster (Zeitmuster), die bei den Individuen eine Fülle von Umbruchserfahrungen zur Folge haben.

Die Menschen entfernen sich, nicht immer freiwillig, von den festen Fundamenten der Tradition, des kulturellen Umfeldes und der sozialen Gewohnheiten. So kann heutzutage ein einmal erlernter Beruf nur mehr wenig dazu beitragen, eine lebenslang brauchbare Perspektive für die Biographie aufzubauen, an der man schließlich seine weitere Lebensplanung (Familie, Karriere, Wohnort, Zeitorganisation) auszurichten vermag. Die Berufsrealität und das Berufsverständnis haben sich grundlegend gewandelt. Der Beruf ist nicht mehr länger Lebensberuf. Er wird nicht mehr, wie vor 100 Jahren noch üblich, auf den Grabsteinen von Verstorbenen eingraviert. Wer in diesen Tagen in seinem Testament vermerkt, der Beruf solle trotzdem noch in Stein gehauen werden, belastet seine Nachkommen mit unlösbaren Entscheidungsproblemen, welche der im Lebensverlauf ausgeübten Tätigkeiten denn nun berücksichtigt werden sollen. Daher verzichtet man besser auf solche Zumutungen an die Angehörigen. Patchwork-Identitäten haben (im doppelten Sinn) keinen Platz mehr auf Grabsteinen. Darüber hinaus auch nicht mehr in Personalausweisen, die ja die Funktion haben, Identität zu belegen. Seit den siebziger Jahren des gerade zu Ende gegangenen Jahrhunderts sind die Berufsbezeichnungen aus den Ausweisen verschwunden, nicht zuletzt, weil die Berufsbiographien aus ständigen Neukonstruktionen und permanenten Veränderungen bestehen. Die Subjekte können nur mehr in Ausnahmen ihre Berufsgeschichte erzählen, dafür häufiger allerlei Geschichten übers Arbeitsleben. „Sie leben von Zeit zu Zeit“ (Houellebecq).

Abschied nehmen müssen die Menschen der Postmoderne auch von jenem modernen Phänomen, das als „Normalbiographie“ Karriere gemacht hat. Diese war, in Analogie zur Uhrzeitordnung, an die Vorstellungen und Ordnungsmuster des Eins-nach-dem-anderen gebunden. Die „Normalbiographie“ organisierte den Lebenslauf der Subjekte in einem tendenziell bruchlosen Kontinuum von Vergangenheit, Gegenwart und Zukunft. Sie ist ein modernes Konstrukt, also weder etwas Natürliches noch etwas Selbstverständliches. Sie ist ein Produkt der Industriegesellschaft, jener Epoche, in der die lineare Uhrzeigermoral das zeitliche Organisationsmonopol besaß. So ist es nur konsequent, wenn am Ende des chronometrischen Zeitdiktates der ehemals dominanten „Normalbiographie“ ihre Normalität abhanden kommt. Denn der Normalfall wird in der Postmoderne zur Ausnahme. Er ist nicht mehr länger normal.

Normal dagegen wird es, dass vieles anders ist, und dass man sich selbst auch möglichst immer wieder anders darstellt und darzustellen hat. Der Simultant, jener Sozialisationstyp, der sich darin versucht und erschöpft, vieles gleichzeitig zu tun, der mehrere unterschiedliche Jobs ausübt, mehrere Projekte zur gleichen Zeit bearbeitet, nicht selten auch mehr als eine einzige enge Beziehung pflegt und der seinen Lebensmittelpunkt nicht nur auf einen einzigen Wohnort beschränkt, ein solcher postmoderner Charaktertypus muss letztlich immerzu an der Aufgabe scheitern, das Leben auf die Reihe zu bekommen. Die Fülle des Gleichzeitigen, ob die der Informationen oder die der unterschiedlichen Handlungen und Abläufe, formt sich nicht mehr zur Gestalt einer „Geschichte“. Das Leben wird zu einem Experiment, das die Renovierung des Selbst auf Dauer stellt. Das hat Umberto Eco gemeint, als er die pointierten Bemerkung fallen ließ: „Die Gegenwart kenne ich nur aus dem Fernsehen, über das Mittelalter habe ich Kenntnis aus erster Hand.“

Nicht mehr nur „Zick-Zack geht gewöhnlich unser Lauf“, wie Nietzsche vor 100 Jahren noch behaupten konnte, er tut es heute mit noch geringerer Regelhaftigkeit. Turbulenzen, die vom Privaten ins Berufliche reichen und die, wenn sie das Berufsleben durcheinander bringen, die Privatsphäre beeinflussen, gehören zum Alltag. Abschlüsse und Abbrüche unterschiedlichster Art wechseln rasch mit Phasen des Neustarts; Zeiten der Arbeitslosigkeit lösen nicht selten die der Beschäftigung ab und umgekehrt. Die bekannten und beliebten Muster alterstypisch verorteter Krisen, wie die in diversen bunten Journalen beliebte „Midlife-crisis“, werden diffus entgrenzt und von einer unregelmäßigen Folge von Höhen- und Tiefpunkten im Leben abgelöst. Zunehmend kürzere Phasen des Erfolgs und des Misserfolgs, der Zufriedenheit und der Unzufriedenheit gehen mit erheblich verkürzter Ortsgebundenheit und geringerer zeitlicher Beziehungskontinuität einher. Das Leben summiert sich mittels unterschiedlicher Ereignisse und Erfahrungen, die sich weitgehend jeglichem Ordnungsversuch widersetzen. Der Eindruck, nicht mehr nur aus einem, sondern aus mehreren Ichs zu bestehen, wird normal, genauso wie die nicht enden wollende Sorge um sich selbst. Das wiederum lässt die Sehnsucht entstehen, endlich einmal tun zu können, was bisher nur aus der Literatur bekannt ist: „ein Jahr Urlaub von seinem Leben" zu nehmen, um den „Ursachen und dem Geheimmechanismus" einer in viele Einzelheiten zerfallenen Lebenswelt nachgehen zu können. Dies versuchte die literarische Figur des Ulrich in Musils „Mann ohne Eigenschaften" (1978) – jedoch vergeblich. Er musste am Ende des österreichischen Kaiserreiches eine Erfahrung machen, zu der heute alle Menschen verurteilt sind: dass nämlich keine „Ordnung im Ganzen" mehr herstellbar ist.

Wenn sich die moderne Zeitordnung der Uhrzeit auflöst, das Ganze in Einzelteile zerbricht und schließlich von einer Vielzahl von Zeitmustern und Zeitformen abgelöst wird, dann wird auch das moderne Identitätskonzept zu einem Auslaufmodell. Eine Patchwork-Identität hingegen verlangt von den Subjekten, das Leben als ein Leben mit mehreren Teilidentitäten zu arrangieren und zu führen. Dies wiederum eröffnet einerseits neue, ehemals unzugängliche Möglichkeiten und Chancen, andererseits erhöht es aber auch die Gefahr, sich jederzeit selbst zu verlieren. Um dies zu verhindern, oder zumindest abzufedern, stellt die Gesellschaft Großorganisationen bereit, die die Subjekte auf die Anforderungen dieser unübersichtlichen Welt und deren Hochgeschwindigkeitsdynamiken vorbereiten. In erster Linie hat das Bildungssystem diese Funktion. Es hat sich inzwischen zu einem das gesamte Leben umgreifenden, teilweise verpflichtenden System ausdifferenziert. Das Programm des lebenslangen Lernens, das als eine Art freiwilliger Pflicht von allen einflussreichen Gruppen der Gesellschaft propagiert wird, belegt diese Entwicklung auf eindrückliche Art und Weise. Im Vorschulalter bereits beginnen die Lernbemühungen um die Anpassung an die veränderte Welt, und mit dem Seniorenprogramm enden sie: Von der Wiege bis zur Bahre, Seminare, Seminare.

In bisher nie gekanntem Ausmaß werden die Menschen des 21. Jahrhunderts beraten, belehrt und begleitet, nicht zuletzt, um ihren Lebenslauf souverän und eigenaktiv gestalten, ertragen und verstehen zu können. Das ist auch notwendig, da sie sich auf immer weniger orientierende Vorgaben aus dem Alltag stützen können. Weder das soziale Milieu noch die staatlichen Institutionen, auch nicht mehr die Eltern, die Lehrer oder die Pfarrer sind in ihrer Lebensauffassung und Lebensgestaltung für die Heranwachsenden mehr vorbildtauglich. Die Freiheit, ohne richtungsweisendes Vorbild leben zu können und zu dürfen, geht mit der Notwendigkeit einher, ununterbrochen selbst entscheiden zu müssen, was man will, kann und darf.

Werden die Zeiten besser? Werden sie schlechter? Norbert Elias (1982) hat diese Frage zum Thema seiner Reflexionen über die Geschichte der Zivilisierung gemacht. Eine Reise auf der Landstraße, so sein lehrreicher Hinweis, ist heute nicht weniger gefährlich als vor 500 Jahren. Ehemals aber musste man sich vor Räubern, Tieren und besonders vor der Unbill des Wetters in Acht nehmen. Für den heutigen Autofahrer ist dagegen so etwas völlig belanglos, da dies, bis auf Ausnahmesituationen, keine aktuelle Gefahr mehr darstellt. Dafür aber ist der Verkehrsteilnehmer dieser Tage genötigt, sich immer wieder selbst zu bezwingen und zu kontrollieren. Beispielsweise indem er sich durch Sicherheitsgurte in seiner Bewegungsfähigkeit einschränkt, er sich selbst sowie das Automobil bis ins Detail kontrolliert, alle Unaufmerksamkeit und Ablenkung bekämpft und seine Wahrnehmung immerzu den wechselnden Geschwindigkeiten anpasst.

Die Gefahr, die früher von außerhalb kam, geht jetzt vom Menschen selbst aus. Sie heißt im Polizeijargon: „Menschliches Versagen“.

Selbstkontrolle, Selbstverantwortung, Selbstinitiative, Selbstmanagement, Selbstvertrauen, so, oder so ähnlich, nennen sich die gestiegenen Anforderungen an die eigene Person. Das Alltagsleben und auch die berufliche Existenz sind darauf ausgerichtet. Sie sind aber gleichermaßen auch darauf angewiesen, dass sich die Subjekte kontinuierlich selbst zum Thema machen. Immerzu stellt sich ihnen nämlich die Frage: Könnte es nicht auch anders sein? Wer aber eine solche Frage andauernd an sich richtet und sie nicht wenigstens vorübergehend einmal beantwortet, wird für die soziale Mitwelt nicht mehr identifizierbar. Die karikatureske Ausformung eines solchen hochflexiblen, stets wandelbaren und permanent veränderungsbereiten Menschen stellt der „transformista" dar. Er wechselt von Minute zu Minute seine Maske, ist in kurzer Zeit immer jemand anderes. Man kann die eigentliche Person nicht mehr als ein besonderes Individuum hinter den unterschiedlichen Masken und Rollenspielen erkennen.

Wer dieser Zumutung entkommen will, muss, und dabei dürfte es sich um eine der am schwersten zu bewältigenden Anstrengungen in postmodernen Zeiten handeln, auf viele, ja sogar auf die meisten aller heute bestehenden Wahlmöglichkeiten verzichten. Wählen, auswählen und entscheiden können – auch gegen den Druck einer Mehrheit, gegen den eines Trends, einer verführerischen Attraktion oder die falschen Versprechungen der Konsum- und der Erlebnisindustrie, diese Fähigkeit ist inzwischen zu einer unverzichtbaren Überlebenstechnik geworden. Ausgerichtet auf einen das Selbst stabilisierenden Umgang mit der Zeit bedeutet dies vor allem die Entfaltung von Widerstandspotentialen gegenüber den weit verbreiteten Nötigungen zur Kurzfristig- und zur Kurzatmigkeit. Eine Art „Rückzugskompetenz" wird daher für die Individuen immer wichtiger, um nicht im Strudel der Gleichzeitigkeit und der Entscheidungsvielfalt unterzugehen. Allzu verführerisch ebnen die verbreiteten und die beliebten Hochgeschwindigkeitstechnologien die Zeit auf das Augenblickliche ein, allzu attraktiv sind die Ablenkungen des jeweiligen Moments. Wer diesem Trend zum Opfer fällt, vernichtet überlebensnotwendige Langfristperspektiven sowohl für Gemeinschaften als auch für die Gesellschaft und mindert die Verantwortlichkeit für das eigene Selbst und dessen Entwicklung. Die heute jederzeit und überall aufgedrängten Verführungen, die eigene Zukunft möglichst schon in der Gegenwart erleben zu können, verhindern letztlich die wirkliche Zukunft und gefährden darüber hinaus viele Chancen, auch später noch weichenstellende Entscheidungen treffen zu können.

Die Erosion des Uhrzeitmonopols und die sich hierdurch etablierende Vielfalt von Zeitmustern und Zeitformen lässt glücklicherweise neue, überraschende und kreative Lebens-, Arbeits- und Identitätsformen zu. Unter Zeitaspekten ist das insofern zu begrüßen, weil das Leben aller Menschen grundsätzlich mit einer Ausstattung zur Zeitvielfalt beginnt. Kein Kind richtet erfahrungsgemäß sein Verhalten sofort nach der Geburt an der Uhrzeit aus. Bei kleinen Kindern finden Uhren meist nur als mehr oder weniger attraktives Spielzeug Verwendung. Erwachsene erinnern sich gerne an jene Tage, Wochen und Jahre, die nicht selten als die der „glücklichen Kindheit" in den biographischen Erzählungen auftauchen, bei denen die Stunden, die Minuten und die Sekunden nicht gezählt wurden und auch nicht gezählt werden konnten. Eventuell, und die Zeichen dafür mehren sich, kann der Niedergang des Uhrzeitmonopols diesen glücklichen Zeiten der Kindheit ein neues Gewicht, ein besseres Ansehen und vielleicht auch eine höhere subjektive Anerkennung verleihen.

Wäre dies so, dann brauchten die Subjekte ihre Kindheit und deren Zeitmuster im Erwachsenenalter auch nicht mehr im gleichen Umfang wie bisher zu verdrängen und zu verleugnen. Sie könnten die ehemals vorhandene Formenvielfalt ihres Zeitlebens wieder aktualisieren, könnten sie pflegen und weiterentwickeln. Dann müssten die Menschen ihre Kraft auch nicht mehr in der Anstrengung erschöpfen, immerzu gegen die Zeit anzukämpfen. Ein Blick auf alternative (Zeit-)Kulturen dieser Welt kann bei dieser kleinen Utopie äußerst hilfreich sein.

Robert Levine kommt in einer viel beachteten Untersuchung über die Zeitmuster unterschiedlicher Kulturen (1998, 140–142) zum Ergebnis, dass die westliche Zivilisation sich fundamental täuscht, da sie das monotemporal (= monochron) organisierte Leben und Arbeiten generell für produktiver hält als die Zeitvielfalt der Dritten Welt-Kulturen. „Es gibt Situationen, in denen Polychronizität nicht nur stärker am Menschen orientiert, sondern auch produktiver ist. Starre Ausrichtung an Zeitplänen kann dazu führen, dass man Vorgänge abbricht, wenn sie sich gerade zu entwickeln beginnen." Die Produktivität ist dort am höchsten, so Levine, wo flexibel zwischen den Welten der Ereigniszeit und der Uhrzeit hin- und her gewechselt wird, und zwar jeweils so, wie es die Situation erfordert. Dieses Hin- und Herspringen empfiehlt er deshalb, weil beide Zeitmuster, die der monochronen und auch die polychronen Organisation, auch jeweils eine Schattenseite haben: „Monochrone Systeme neigen dazu, die menschlichen Bedürfnisse ihrer Mitglieder zu unterschätzen. Polychrone dagegen versinken oft in einem unproduktiven Chaos."

Wenn sich die Welt weiterhin globalisiert, werden sich die Subjekte der westlichen Kultur ebenso in ihrem Zeitverhalten ändern müssen wie auch diejenigen der Dritten Welt. Insbesondere sind Europäer und Nordamerikaner immer häufiger gezwungen, sich in einer Umgebung zurechtzufinden, in der eine Vielzahl von Zeitmustern und Zeitformen aktualisiert wird. Der sensible und aufgabenorientierte Wechsel zwischen den unterschiedlichen zeitlichen Vorgaben wird daher in der nahen Zukunft über den Erfolg im Leben, im Beruf und besonders auch bei der Arbeit an der eigenen Identität entscheiden.

Das subjektive Leben wird sich also nicht mehr länger wie ein Fahrplan (der ja auch immer seltener einzuhalten ist) in linearer

Art und Weise entfalten. Die Lebensweise des postmodernen Menschen wird (notgedrungen) unregelmäßiger und sprunghafter. Dieser Entwicklung gilt es individuell, sozial und politisch gerecht zu werden. Dies wird man ihr jedoch nur dann, wenn auch Gelegenheit besteht, sich der Verluste zu erinnern, die die schnellen Wege in die Postmoderne gefordert haben.

Wenn sich die vielseitigen Subjekte in Zukunft zu vielzeitigen Subjekten entwickeln, dann werden sie sich des Öfteren dem Cherubinischen Wandersmann verwandt fühlen. Dieser gestand bereits vor langer Zeit: „Ich weiß nicht, was ich bin; ich bin nicht, was ich weiß; ein Ding und nicht ein Ding, ein Stümpfchen und ein Kreis“ (Silesius o. J.).

Kunst ist Kunst.
Alles andere ist alles andere.
(AD REINHARDT)

13. Kunst der Zeit

„Ein Kunstwerk sollte immer darauf hinweisen, dass wir noch nicht gesehen haben, was wir sehen", hat Paul Valéry in seinem Leonardo-Essay geschrieben.

Da das Leben „Zeit" zur unabdingbaren Voraussetzung hat, gehört die Auseinandersetzung mit dem, was wir „Zeit" nennen, zu einem der häufigsten und beliebtesten Themen künstlerischen Schaffens. Der mexikanische Schriftsteller und Nobelpreisträger Octavio Paz behauptet: „Man kann eine Gesellschaft erst dann verstehen, wenn man weiß, wie sie mit Zeit umgeht." Man muss es jedoch nicht nur wissen, sondern auch erfahren und erleben. Erst aus der individuellen Betroffenheit heraus entwickelt sich ein Wissen um die Zeit und unseren Umgang damit. „Die Zeit", so liest man es bei Novalis, „entsteht mit der Unlust." Sie ist eine Tochter der Emotionen, und zwar der wenig attraktiven Gefühle. Den Glücklichen schlägt bekanntermaßen keine Stunde, sie kennen keine Zeit.

Die Kunst vermag jenes versteckte Zeitkontinuum zu sprengen, dem wir im Alltag blind folgen und das wir meist für natürlich und selbstverständlich halten. Indem Künstler unser alltägliches Zeit-Leben mit ihren besonderen Möglichkeiten und Mitteln konfrontieren, damit also Unlust produzieren, heben sie die Blindheit der jeweils herrschenden Zeit und ihrer Ordnung auf und bringen sie konfrontierend ins Wanken. Sie machen „das Andere der Vernunft“ emotional sichtbar und lassen es uns mehr oder weniger bewusst erfahren. So haben wir die Chance, unsere gesellschaftlichen Selbstverständlichkeiten und unser Verstricktsein zu erkennen. Es entsteht Unlust und hieraus der Wunsch, sie zu vermeiden. Das Kunstwerk, so formulierte Marcel Proust radikal, „ist das einzige Mittel, die verlorene Zeit wiederzufinden“. Kunst tut dies, indem sie die verborgenen Seiten der Wirklichkeit freilegt und uns diese aufdrängt. Sie löst jene herrschende Zeit-Ordnung auf, die in der Moderne zuallererst mit umfassender Hilfe wissenschaftlicher Erkenntnis geschaffen wurde. Daher können auch Wissenschaftler und Wissenschaftlerinnen, die sich mit „Zeit“ beschäftigen, ihrer Berufstätigkeit nicht sinnvoll nachgehen, ohne auf Kunst immer wieder Bezug zu nehmen.

Foto: M. Hartmann

Drei Engel und ein Telefon

Wissenschaftler sind, wenn's um Zeit geht, schnell am Ende. Sie wissen nicht einmal, was Zeit wirklich ist. Hilflos ist ihr „Gestottere", wenn man sie fragt, was denn das Wesen der Zeit sei. Die Physiker belehren uns, sie sei eine „hartnäckige Illusion", die Psychologen, sie sei ein „Empfinden ohne Sinnesorgan", die Theologen sehen in der Zeit „den Anlauf zur Ewigkeit", während die Sozialwissenschaftler in der Zeit ein Mittel zur „Ordnung des Vergänglichen" erkennen. Die Ökonomen, wer hätte das gedacht, behaupten hartnäckig, Zeit sei Geld, und die Politiker sind der Meinung, Zeit sei mit einer Legislaturperiode identisch. Auch die Germanisten helfen uns kaum weiter, wenn sie uns belehren, die „Zeit" sei ein einsilbiges Wort. Das stimmt zweifelsohne (zumindest im Deutschen). Aber was ist eine solche Auskunft wert in Relation zu jener Erkenntnis, die ein Bild von Turner, ein Zeitdrama wie Goethes „Faust" oder die Musik von Strawinsky auszulösen im Stande ist.

„Zeit", das meistgebrauchte Substantiv der deutschen Sprache, ist unfassbar, unbegreifbar, undefinierbar. Auch Heidegger gestand am Ende seines Lebens in einem Gespräch mit der Wochenzeitung „Die Zeit" ein, dass er trotz längerer Beschäftigung mit diesem Phänomen nicht wisse, was „Zeit" denn wirklich sei. Sie ist eben ein Phänomen, das sich uns immer dann entzieht, wenn wir es zu fassen versuchen. Deshalb scheitern ja auch all die vielen Menschen, die die Zeit in den Griff bekommen wollen. Sie verplempern ihre Zeit mit solch vergeblichem Bemühen. Es gibt aber einen Ausweg aus dieser Ratlosigkeit. Diesen eben liefert die Kunst. Sie lässt uns immer wieder erfahren, dass wir die Zeit gar nicht verstehen müssen, um uns über sie fruchtbare Gedanken machen zu können.

Künstler machen keine Geschichte, aber sie revolutionieren die emotionalen und die mentalen Strukturen, die Sichtweisen und die Empfindungen, mit denen die Zeit gesehen, geordnet und erlebt wird. Revolutionen machen dann andere. Das lässt sich am Phänomen der „Zeit" gut darstellen, denn immer sind Revolutionen auch Zeit-Revolutionen. Sie stellen eine neue Ordnung her, und die Grundlagen solcher neuen Ordnungen sind veränderte Zeit- und Raumvorstellungen. Am offensichtlichsten geschah das in der Französischen Revolution, als ein neuer Kalender und eine neue Uhrzeit, die nicht, wie bis dahin, auf dem Zwölfer-, sondern auf dem Zehnersystem basierten, eingeführt wurde. Die daran anschließende napoleonische Revolution bestand zu einem gewichtigen Teil darin, diese Änderungen des Zeitordnungssystems wieder rückgängig zu machen. Auch die russische Revolutionäre machten Zeit-Geschichte, als sie die Woche (kurzzeitig) auf zehn Tage verlängerten und den gregorianischen Kalender in Russland einführten. Mussolini änderte die Zeitordnung ebenso. Auch Hitler hatte dies vor, brachte dann aber die Zeit so eklatant durcheinander, dass er sein Vorhaben nicht mehr umsetzen konnte. Heutzutage profilieren sich Superminister als Westentaschen-Revolutionäre, indem sie vorschlagen, einige christliche Feiertage abzuschaffen. Sind aber nach den Revolutionen die neuen Zeitordnungen jeweils etabliert, dann ist es an den Künstlern, diese neue Zeit-Ordnung wiederum infrage zu stellen und in Bewegung zu setzen.

Eindrücklich hat das 1764 William Hogarth in seinem Stich „Schlussstrich oder die aufgeblasene Plattheit" gemacht. Als den „Tod der Zeit" betiteln die Kunsthistoriker dieses Bild. Chronos, der Gott der Zeit, lehnt hier völlig abgeschlafft und erschöpft an einem Säulenstumpf, dahinter ein Grabstein. Seine Uhr, eine Sanduhr, ist abgelaufen, seine Sense zerbrochen, mit einer letzten Rauchblase haucht er ein „Finis" (Ende) in die Luft. Eine Menge zerstörter, zerbrochener Dinge liegen um ihn herum. Die Zeiten sind in Brand geraten. Das Ende der Welt, so auch der lesbare Name des zerstörten Wirtshauses, ist Hogarths Thema.

Die Zeichnung wirkt durch ihre Überzeichnung. Die Tristesse wird von Ironie überlagert. Hogarth hat Shakespeares Formulierung: „Die Zeit ist aus den Fugen (time is out of joint)" bildlich treffend umgesetzt. Seine Botschaft stellt eine Kritik an den Ansprüchen der Aufklärung dar, ganz speziell aber an denjenigen der modernen Naturwissenschaften, so etwa am Newton'schen Zeitbegriff. Hogarth kritisiert, dass während der Aufklärung in den Naturwissenschaften der Sinn für das Sterbliche, für die Zeitlichkeit und Endlichkeit des subjektiven Lebens abhanden gekommen ist. Die aufgeklärten und die aufklärenden Naturwissenschaften haben das menschliche Maß verloren, der Fortschritt wurde für sie scheinbar endlos. Bei ihnen gibt es kein Ende mehr. Hogarth dementiert dies eindrücklich in seinem Stich. Das ist höchst aktuell, wenn man sich die Wachstumshoffnungen und die Wachstumsversprechen unserer Politiker anschaut, die heutzutage die Nachrichten beherrschen. Sie unterstellen, dass es immerzu aufwärts gehen könnte. Eine Illusion, der speziell die Ökonomie, die unseren gegenwärtigen Umgang mit Zeit ja maßgeblich beeinflusst, anheim gefallen ist. Hogarth hat diese Endlos-Beschleuniger vor 250 Jahren bereits vor ihrer Hybris gewarnt. Sie haben diese Mahnung bis heute nicht zur Kenntnis genommen. Wie dies auch jene nicht tun, die dieses Bild des Jammers und des Todes inzwischen ins endlos optimistische Internet gestellt haben.

Im frühen 19. Jahrhundert, als die Eisenbahnzeit im wahrsten Sinne des Wortes in das Alltagsleben Einzug hielt, entdeckten viele Maler und Schriftsteller die Zeit. Goyas berühmtes Bild: „Chronos verschlingt eines seiner Kinder" gehört zu den eindrücklichsten Dokumenten der relativ neuen Erfahrung, dass Menschen von der Zeit aufgefressen werden können. 1844 hat dann William Turner mit seinem Bild „Regen, Dampf, Geschwindigkeit" den Übergang von der Naturzeit zur Zeit der Technik als sein großes Thema öffentlich gemacht. Prophetisch kündigt er den gesellschaftsverändernden Wechsel von der rhythmischen zur taktförmigen Lebensweise an.

Es ist in erster Linie Goethe, der in seinem poetischen Alterswerk das Thema der Beschleunigung anspricht: In einem Brief an Zelter schreibt er am 6. 6. 1825: „(...) alles aber, mein Treuester, ist jetzt ultra, alles transzendiert unaufhaltsam, im Denken wie im Tun. Niemand kennt sich mehr, niemand begreift das Element, worin er schwebt und wirkt, niemand den Stoff, den er bearbeitet. Junge Leute werden viel zu früh aufgeregt und dann im Zeitstrudel fortgerissen; Reichtum und Schnelligkeit ist, was die Welt bewundert und wonach jeder strebt; Eisenbahnen, Schnellposten, Dampfschiffe und alle mögliche Faszilitäten [Erleichterungen] der Kommunikation sind es, worauf die gebildete Welt ausgeht, sich zu überbieten, zu überbilden und dadurch in der Mittelmäßigkeit zu verharren."

Unübertroffen, was die kritische Auseinandersetzung mit dem modernen Zeitverständnis betrifft, ist schließlich Goethes „Faust". Faust wettet mit Mephisto um die „Zeit", denn er glaubt – wie der moderne Mensch ja mehrheitlich auch – nicht mehr an eine Zeit, die jenseits des Diesseits existiert. Die Erfüllung der Wünsche muss also – wenn sie denn überhaupt jemals erfolgt – während des irdischen Lebens geschehen. In der Wette zwischen Faust und Mephistopheles geht es zuallererst um die Frage, ob es möglich sei, mit Hilfe ökonomischen Handelns den Augenblick des höchsten Glücks zu erlangen. Ihn festzuhalten, das ist nicht nur Fausts Bestreben, sondern auch das der gesamten modernen Menschheit. Die Voraussetzungen dafür sind – und dies macht Goethe zum vorbildhaften Lehrbuchautor der Ökonomie – die Geldschöpfung, das Eigentumsrecht (als Recht, die Natur zu beherrschen) und der Einsatz von Energie und Maschinen. Goethe aber macht uns dabei auch auf die Gefahren aufmerksam, die dieser „Wohlstand" wie eine Schleppe hinter sich herzieht. Wir sind gezwungen, diese negativen Effekte heute zur Kenntnis zu nehmen. Es sind drei Bedrohungen, auf die uns Goethe am Ende seines Dramas hinweist: Die Gefahr der Vernichtung des Schönen, der Erhöhung der Risiken, des Verlustes der Gegenwart durch die permanente Sorge um die Zukunft.

Die Größe und die Aktualität des Faust-Dramas zeigt sich nicht zuletzt darin, dass wir zu Beginn des 3. Jahrtausends mit jenen

Problemen und Bedrohungen konfrontiert werden, die Goethe bereits am Anfang der Beschleunigungsgeschichte erkannte und beschrieb. Das Drama ist in unseren Tagen jedoch ungleich größer. Es spielt sich nämlich in der Realität und nicht mehr auf der Bühne ab.

Thema des 19. Jahrhunderts – und dafür sind hier Goya, Turner und Goethe nur exemplarisch genannt worden – war die Erfahrung der Beschleunigung. Diese wurde von Seiten der Kunst aber nicht ausschließlich als bedrohlich gesehen. Eadweard Muybridge nutzte ab 1880 die damals erfundene Fotographie, um durch eine Aneinanderreihung von Einzelaufnahmen Phänomene sichtbar zu machen, die dem menschlichen Auge grundsätzlich verborgen bleiben. Er machte Bewegungen transparent, indem er deren schnelle Abläufe photographisch still stellte. Damit kann er als ein wichtiger Vorläufer des fünfundzwanzig Jahre später erfundenen Films gelten.

Hat Muybridge bereits die Beschleunigung für seine Photokunst genutzt, so haben die italienischen Futuristen in ihrem 1909 veröffentlichten Manifest die Zunahme der Beschleunigung ideologisch verherrlicht. In diesem Manifest befindet sich auch der für uns Nachgeborene nicht unproblematische Satz: „Wir erklären, dass sich die Herrlichkeit der Welt um eine neue Schönheit bereichert hat: die Schönheit der Geschwindigkeit. Ein Rennwagen, dessen Karosserie große Rohre schmücken, die Schlangen mit explosivem Atem gleichen (...) ist schöner als die Nixe von Samothrake“ (Marinetti 1909). Diese Worte wurden zur gleichen Zeit geschrieben, als auch die Maler des beginnenden 20. Jahrhunderts den Symbolwert der Uhr erkannten und ihm in ihren Bildern Ausdruck verschafften. Die Surrealisten Giorgio de Chirico, René Magritte und Salvator Dalí sind darunter die Bekanntesten.

Mit der zunehmenden Rationalisierung der industriellen Produktion mittels erhöhter Schnelligkeit, speziell der des Transports, erhält die Zeit einen völlig neuen, immer wichtigeren Stellenwert in der Gesellschaft. Die gestiegene Wertigkeit der Zeit und die Probleme mit ihr werden immer häufiger zum Thema künstlerischer Produktion. Das hat u. a. auch zur Folge, dass die Kunst selbst beschleunigt wird. Zunehmend rascher lösen sich Kunstrichtungen und Kunstschulen ab, immer hektischer ersetzt das Neuere das Neue. Die Innovationsdynamik der kapitalistische Produktionsform findet ihre Korrespondenz in der Überbietungsdynamik der künstlerischen Produkte. Die Erfahrung der Dauer, des Dauerhaften, des Stetigen wird, auch von den Künstlern, ins gesellschaftliche Abseits gedrängt. Expressionismus, Action painting (Pollock), Aktionskunst, Video- und Filmkunst stehen für diese Entwicklung. Die Kunst wurde schließlich im 20. Jahrhundert zur Zeitkunst. Sie ist selbst hochdynamisch und ihr zentrales Thema ist die Entfesselung der Geschwindigkeit in der Gesellschaft. Nach der Typologie Nietzsches, der, wie bekannt, die Kunst in eine apollinische Bildkunst und eine dionysische Geschehenskunst einteilt, stellt sich die Kunst des 20. Jahrhunderts als ein Sieg des Dionysos über Apollon dar.

Thema der Surrealisten ist die Auflösung der Uhrzeitordnung, speziell die der gleichmäßigen Zeitordnung. Die zerfließenden, die weichen Uhren von Dalí sind das inzwischen bis zur Einfallslosigkeit zitierte Beispiel. De Chirico, der seine Zeitbilder zwischen 1912 und 1914 malte, ist glücklicherweise in nicht identischem Maße wie Dalí der Verwertungsmaschinerie des Kunstmarktes zum Opfer gefallen; die Bilder Magrittes hingegen, von de Chirico stark beeinflusst, erfreuen sich als Postkartenmotiv inzwischen großer Beliebtheit.

Neben Malern waren es Schriftsteller wie James Joyce, Robert Musil, William Faulkner sowie viele Filmemacher, allen voran Eisenstein und der erheblich jüngere Tarkowski, die mit den unterschiedlichen Zeitebenen und Zeitbegriffen höchst kreativ spielten, sie neu montierten und dadurch künstlerisch Wertvolles schufen.

Die Ikone des im doppelten Sinne Zeit-kritischen Kinos jedoch ist Charlie Chaplin. Mit seiner unnachahmlichen Begabung für den spielerischen Kampf gegen die Heiligtümer der Moderne, insbesondere gegen die Uhr, das Fließband und die taktförmige Organisation des Lebens, hat er Standards der ästhetischen Unterhaltung gesetzt, die bisher niemand zu überbieten vermochte. Ganz besonders in „Modern Times“, einen Film, der 1936 in die Kinos kam, gelingt Chaplin ein radikaler Angriff auf die Repräsentanten des modernen Zeitverständnisses und deren ordnungsmachende Funktion. Indem er die ernstesten Dinge des Alltags lächerlich macht, indem er den seelenlosen Instrumenten und Prozessen eine Seele verleiht, liefert er sie einer vernichtenden Komik aus. Erinnert sei nur an die Szene, in der er in einer Fabrik an jenem Hebel herumspielt, ihn zu einem Tänzchen nutzt, der für die Geschwindigkeit der organisierten Arbeitswelt verantwortlich ist. Durch das Lachen werden die Zuschauer zumindest im Kino von den Fesseln der Geschwindigkeit, in denen sie gefangen sind, befreit. Der seelenlose, menschenverachtende Takt der Zeit-Organisation mutiert durch Chaplins Kunst, das Ernste lächerlich zu machen, zum lebensbejahenden Rhythmus. Seine Komik sprengt die mechanischen Zeitverhältnisse, in die die Menschen heillos verstrickt sind. Die Tücke des Objekts, das ist die frohe Botschaft Chaplins, die uns alle zu seinen Bewunderern macht, lässt sich durch die Tücke des Subjekts besiegen. Das zeigt er auch in einem seiner früheren Kurzfilme, in dem er als Angestellter eines Leihhauses die Uhr, die ein armer Teufel zu versetzen vorhat, in ihre Bestandteile zerlegt und sie dem Kunden in Einzelteilen wieder zurückgibt. Ein faszinierendes Sinnbild dafür, dass sich in der Uhr nur Metallteile – und nicht etwa die Zeit – befinden.

Heute handelt es sich bei den hier erwähnten Künstlern und deren Werke um so genannte „Klassiker“. Was sie dazu gemacht hat, ist ihre künstlerische Leistung, die traditionellen und für selbstverständlich gehaltenen Zeitstrukturen der sozialen und individuellen Wahrnehmung aufzubrechen, um sie in ein Feld des Experimentierens zu verwandeln. Aus diesen gehen neue Sicht-, veränderte Verstehens- und bisher unbekannte Verhaltensmöglichkeiten hervor. Nur im Kino kann beispielsweise ein Mensch, der vom Sprungbrett ins Wasser hechtet, wieder zurück auf das Brett springen. Wir sehen Dinge, lesen, hören sie, die vorher niemals ein Mensch zu sehen, zu hören und zu lesen bekam, und hierdurch sehen wir die Dinge anders, als wir es bis dahin gewohnt waren.

All das, was bisher an den Künsten der Malerei und des Films verdeutlicht wurde, lässt sich auch für die Literatur nachweisen, ganz besonders aber für die Musik. Die Musik ist wie kein anderes Kunstmedium imstande, die lebendige Qualität der Zeit, etwa die Dauer oder die Hektik, erscheinen und erleben zu lassen. Musik ist Zeit und sie wirkt, wie Herder das einmal notierte, durch ihre Zeitfolge.

Die ersten siebzig Jahre des 20. Jahrhunderts sind, wenn man das Zeitthema als Kriterium für die Betrachtung des Kunstschaffens verwendet, dadurch gekennzeichnet, dass sie die Brüchigkeit moderner Zeitorganisation zum künstlerischen Inhalt machen. Die Kunst nutzt die tendenzielle Auflösung der Uhrzeitordnung dazu, andere, neue Zeiterfahrungen in den Blick zu bekommen. Sie stellt die gegenwärtige Form des Umgangs mit Zeit in der Gesellschaft und in der Kunst selbst in Frage und provoziert damit die Fortentwicklung von Gesellschaft und Kunst.

Die Künstler des letzten Drittels des 20. Jahrhunderts und des beginnenden 21. Jahrhunderts haben sich von dieser kritischen Perspektive weitgehend verabschiedet und versuchen ihrer Zeitgemäßen Einbildungskraft in experimentellen Verfahren und mit neuen Techniken Ausdruck zu verleihen. Die „neue Unübersichtlichkeit“, die mit dem Tod der traditionellen künstlerischen „Schulen“ einhergeht, wird neuerdings kreativ gemacht. Zeit und Kunst werden uferlos, wie das der Komponist Tarnopolski in seinem Operntitel „Wenn die Zeit über die Ufer tritt“ (Uraufführung 25. 4. 2003 im Prinzregententheater München) in programmatischer Art und Weise formulierte.

Das neue Zeitmuster heißt Gleichzeitigkeit. Der Fluss der Zeit, der seinen angestammten Lauf verändert, sucht sich in der Vielfalt von Zeitformen und in der Zeitverdichtung neue Wege. Die Formen und die Inhalte der Kunst bleiben davon nicht unberührt. Sie verstricken sich in die Mannigfaltigkeiten von Raum und Zeit, nicht zuletzt, weil sie selbst darin verwickelt sind. In Arnulf Rainers Superpaintings beispielsweise wird die Bildfläche stetig neu übermalt, sodass in einem Bild mehrere Bilder und mehrere Zeitschichten gleichzeitig vorhanden sind. Nam June Paiks Installation „Buddha" von 1989 zeigt eine Buddha-Statue, die sich selbst völlig starr im Monitor sieht. Hier ist die Zeit still gestellt, der Zeitablauf außer Kraft gesetzt. Thema dieses Objektes ist die Dauer. Diese entsteht zuallererst dadurch, dass sich nichts bewegt, keinerlei Veränderung feststellbar ist. Zeitlosigkeit wird zur Realzeit.

Bildhafte Vermittlungsformen machen das neue Gleichzeitigkeits-Zeitmuster nur begrenzt erfahrbar. Das Bildgeschehen von Videoinstallationen und das des Filmes stellen dafür erheblich bessere Mittel bereit. Andy Warhols Film „The Empire State Building" von 1966, achtstündig, ohne Schnitt und mit fester Kamera, fängt beispielsweise die Langsamkeit von Veränderungen ein. Andere Kunstinstallationen vergleichzeitigen Realzeit und Rezeptionszeit, also die Zeiten des Betrachters und die des Kunstwerks.

Der Einsatz neuer Medien, z. B. visuelle Simulationen oder elektronische Reproduktionen, sprengt sowohl die gesellschaftlich herrschenden Zeitmuster der traditionellen Kunst als auch deren ästhetischen Kanon. Erfahren ließ sich dies anlässlich der im Jahr 2001 ausgestellten Installation „speed" von Alexander Timtschenko und Jakub Morávek in München. Diese Installation besteht aus digitalisierten, in Geschwindigkeit und Schnitt bearbeiteten Kinofilmen. Auf sieben räumlich angeordneten Projektionsflächen umgeben den Betrachter aufwendig gefilmte Auto-Verfolgungsjagden als Fast-Forward-Präsentation. Personen und Gesichter sind technisch eliminiert, der Filmlauf beschleunigt und das Thema Verfolgung auf seine Essenz verdichtet. Die chronologische Filmhandlung verschwindet, an ihre Stelle tritt vermeintliche Endlosigkeit verbunden mit der anonymen Ästhetik eines Computerspieles. Emotionen, wie im Kino, entstehen nicht mehr. Weder durch Identifikation mit den Personen und dem Geschehen auf der Leinwand noch durch den isolierten und passiven Status des Betrachters. Dieser findet sich in einem unkontrollierbaren Szenario des reinen Spektakels auf sieben verschiedenen, gleichzeitig bespielten Leinwänden wieder.

Die Zeiten, als man nur eine einzige Zeit kannte, die der Uhr und ihrer Mechanik, sind vorbei. Die durch Vergleichzeitigung verdichtete Gegenwart ist heute zum zentralen Ort künstlerischer Erfahrung geworden. James Joyce hat diese Form der Erfahrung in seinem „Ulysses" literarisch vorweggenommen. Auf sechzehn Stunden des 16. Juni 1904 kondensiert er die Zeit. Großartig gelingt es Joyce, Zeitverdichtung in seinem Werk herzustellen. Der 1835 zur Erstaufführung gelangten Lokalposse von Johann Nestroy mit dem Titel „Zu ebener Erde und erster Stock" gelingt dies nur sehr unzureichend. Deren Handlung spielt, wie der Titel bereits vermuten lässt, zugleich im ersten Stock und zu ebener Erde in ein und demselben Haus. Die Regieanmerkung: „Alles links Stehende wird zu ebener Erde gespielt, so wie alles rechts Stehende im ersten Stock" zeigt die im Vergleich zu den Möglichkeiten heutiger Kunst doch sehr mangelhaft entwickelte Formensprache, um das, was gleichzeitig abläuft, auch gleichzeitig zu vermitteln. Im Zeitalter der Software gibt es hingegen hierfür eine fast grenzenlose Anzahl von Instrumenten, Techniken und Verfahren.

Dem kreativen Schöpfungsakt sind in der Welt der digitalen Simultation nur mehr wenige Einschränkungen gesetzt. Die

„Cyber-Art“, so nennt sich die digitale Medienkunst, hat sich als eigenes Kunstgenre inzwischen fest etabliert. Die Idee von Kunst hat sich radikal erweitert. Sie wird zu einem dynamischen, quasi endlosen und zeitlosen Prozess. Das trifft auf beinahe alle bekannten Kunstgattungen zu. An drei unterschiedlichen künstlerischen Ausdrucksformen, an denen der Malerei, der Musik und des Films kann dies gezeigt werden:

Umberto Boccioni, den italienischen Futuristen zuzurechnen, malte 1913 ein Bild mit dem Titel „Dynamismus des Radfahrers“. In diesem Werk verdichtet er unterschiedliche Ansichten von Bewegungsabläufen eines Radfahrers. Er montiert eine Simultanperspektive von Prozessen, die in der Realität jedoch nur nacheinander wahrgenommen werden können. Der zentralperspektivische Sehraum wird von ihm aufgelöst, um das ungleichzeitig Gesehene zu vergleichzeitigen. Die Linearität des Vorher und Nachher wird eliminiert und zur Simultaneität verschmolzen. Der Kubismus hat aus diesem Blickwinkel wichtige Vorarbeiten für die Gleichzeitigkeitskunst von heute geschaffen und die Zeitwahrnehmung entscheidend erweitert.

Den renommierten englischen Turner-Preis gewann 2002 der Maler Keith Tyson mit zwei zusammengehörenden Bildern, die er „Bubble Chambers: 2 Discrete Molecules of Simultaneity“ nennt. Die jeweils 3 x 3 Meter großen Gemälde versuchen die Gleichzeitigkeit des Geschehens in einer Art Landschaft abzubilden. Die Betrachter werden ermutigt, das Dargestellte mit der eigenen Realität und ihren Assoziationen in einen engen Zusammenhang zu bringen. Informationen, Text, Farbe und Form fließen in der Gleichzeitigkeit sinnlicher Anschauung und sprachlicher Information zusammen.

In der Musik machte dies vorher bereits John Cage, der auch viele Fluxus-Künstler beeinflusste. Speziell in seinem Stück „4’33 für Klavier oder beliebige Instrumente“ versucht er zwei sich grundsätzlich gegenseitig ausschließende Erfahrungen, das Hören (Musik) und die Stille (das Fehlen der Musik) zu vergleichzeitigen. Cage's Musik bricht sowohl aus den linearen als auch aus den zyklischen Zeitmustern aus. Sie macht sich konsequent frei von solch geometrischen temporalen Verlaufsformen. Die Folge als Prinzip des Geschehens wird von Cage radikal außer Kraft gesetzt. Für H.-K. Metzger ist Cages Musik „Anarchie durch Negation der Zeit“. Zu seinen „Variations I for David Tudor“ schreibt er: „ Es geht vielmehr darum, daß zum ersten Mal in der Geschichte eine Musik konzipiert ward, in welcher der Zeitpunkt, zu dem ein Klang erscheint, einzig dessen eigene Sache ist. Kein Kontext determiniert in den ‚Variations I‘ je den Moment, zu dem ein bestimmtes Schallereignis eintritt, es gibt kein Kriterium des Verlaufs der Komposition, keine Zuordnung reguliert Sukzession und Simultaneität von Tönen, Geräuschen, Pausen; deren jeweiliger Augenblick resultiert zusammen mit allen ihren übrigen charakteristischen Eigenschaften – Höhe, Timbre, Intensität, Dauer – allein aus ihren eigenen individuellen Bestimmungen ...“ (1978, 152).

Es gibt in dieser künstlerischen Ausdrucksform keinen Fortschritt, kein Wachstum, kein Weiterkommen, keine Entwicklung mehr. Dies stellt einen massiven Kontrast zu unserer Alltagserwartung dar, die sich ja dadurch auszeichnet, dass es mit uns und der Gesellschaft stets weitergehen muss, dass es eine Zukunft gibt und diese durch das kontinuierliche Voranschreiten auch zu erreichen wäre.

Es ist die Musik, die so deutlich wie kein anderes Kunstgenre mit dem Zerfall der klassischen Zeitsyntax experimentiert. Cages Stück „Mozart Mix“ ist exemplarisch dafür. Es besteht aus fünfundzwanzig Endloskassetten unterschiedlicher Länge mit der Musik von Mozart. Fünf dieser Kassetten werden immer gleichzeitig abgespielt. Die dadurch entstehende Klangmixtur führt zu einer völlig neuen und verdichteten Hörerfahrung, die beide, Mozart und Cage, geschaffen haben. Zwar sind gleichzeitig fünf Musikstücke von Mozart zu hören, doch das Gehörte ist von Cage. Cage und Mozart gleichzeitig, obgleich sie sich nie von Angesicht zu Angesicht gesehen haben und aus zeitlichen Gründen auch keine Chance hatten, dies zu versuchen.

Ebenso wie die Musik orchestriert das Kunstmedium „Film" die Zeit. Jeder Film vermittelt eine Zeitbotschaft – durch das Tempo der Bildfolge, durch Rhythmen, Gleichzeitigkeit und Ungleichzeitigkeit, Anfänge und Abschlüsse, durch die Musik, den Schnitt, die Ausstattung, die variable Kombination von Vergangenem, Gegenwärtigem und Zukünftigem und nicht zuletzt durch seine eigene Dauer. Walter Benjamin sprach von der „Geschossartigkeit", mit der die Bilder auf die Betrachter einstürmen, und interpretierte dies als eine notwendige Anpassungsleistung an die Erfordernisse der modernen, industrialisierten Welt. Schneller, „geschossartiger" ist die Gesellschaft zweifelsohne geworden, durch den Film und mit ihm. In einer zunehmend postmodernen Gesellschaft geht es aber nicht primär um mehr Schnelligkeit als Mittel der Beschleunigung, sondern um mehr Gleichzeitigkeit.

Der amerikanische Regisseur Mike Figgis hat die Auslöschung der traditionellen Erzählfolge zugunsten sichtbarer Gleichzeitigkeit filmisch überzeugend inszeniert. Er hat 1999 einen Experimentalfilm mit dem Titel „Time-Code" in die Kinos gebracht, der die gewohnte Linearität der Erzählform sprengt. Es handelt sich dabei um einen mit digitalen Handkameras in Realzeit gedrehten Film, der ohne einen einzigen Schnitt voranschreitet. Die relativ triviale Beziehungsgeschichte, in der übrigens fast ununterbrochen telefoniert wird, ist nicht, wie üblich, nacheinander, sondern in vier Strängen erzählt, die jeweils gleichzeitig auf die viergeteilte Leinwand projiziert werden. Der Betrachter wird also mit vier Filmen, d. h. mit hochvermittelter Unmittelbarkeit gleichzeitig konfrontiert. Diese ergeben eine einzige Filmhandlung, sodass der Zuschauer gezwungen wird, seine Aufmerksamkeit zwischen vier Bildsequenzen zu streuen. Die soziologische Literatur spricht in diesem Zusammenhang von „Multi-Anchoring". Gesteuert wird die Aufmerksamkeit primär durch die subjektiven Attraktionen der Zuschauer, insbesondere jedoch durch die Tonspur, die von Bild zu Bild wechselt. Der Zuschauer kann zwar mit sehr unterschiedlicher Aufmerksamkeitsverteilung vier laufenden Bildsequenzen folgen, jedoch nicht den Sinngehalt von vier gleichzeitigen Gesprächen wahrnehmen. Gleichzeitiges Sehen unterschiedlicher Bildfolgen ist Menschen möglich (obgleich gewöhnungsbedürftig, d. h. lernbar), das sinnverstehende Zuhören bei verschiedenen gleichzeitig stattfindenden Sprachfolgen jedoch nicht.

Die vier simultan projizierten Filme gleichen einem Netzwerk, das bekanntermaßen keinen Mittelpunkt besitzt, von dem aus alles gesteuert wird. Die kurzzeitigen, interessenbezogenen Zentren der Wahrnehmung ordnen sich erst allmählich zu einer Geschichte, zu einem synchronen Bild. Dies liegt nicht zuletzt daran, dass die Dichte der Handlung und das Simultan-Tableau der vier Projektionen den Zuschauern die Denkräume nimmt. Eine Erfahrung, die für die Postmoderne generalisierbar ist, wenn man sich die Gleichzeitigkeitsangebote des Internets vergegenwärtigt. Figgis eröffnet – ganz im Sinne der Postmoderne – die Leinwand für Veränderungsprozesse, die nicht mehr linear verlaufen, die nicht mehr der Logik des Eins-nach-dem-anderen, dem Früher-Später-Schema, gehorchen. Der Betrachter ist gezwungen, mit fragmentierten Wahrnehmungen, mit nicht-kausalen Verbindungen umzugehen. Es ist eine spiralische Form, in der sich Zeit und Geschichte fortbewegen. Der Preis des Ungewöhnlichen dieser Wahrnehmungsweise besteht in der Anstrengung, die der Zuschauer aufbringen muss, um der Gleichzeitigkeit der Handlungen eine Bedeutung zu geben.

Es gibt keine zwei Betrachter, die den Film in identischer Art und Weise sehen, und daher sehen sie auch nicht den gleichen Film. Die Kinogänger bekommen permanent das Gefühl, etwas verpasst zu haben, da sie den unrealistischen Anspruch mit sich herumschleppen, alles mitbekommen zu wollen. Sie werden gezwungen, ihre Aufmerksamkeit immer wieder selektiv zu verteilen – andauernd zu entscheiden, was für sie wichtig, was weniger relevant ist, ohne jedoch das weniger Wichtige aus dem Auge zu verlieren. Figgis hat mit seinem Experimentalfilm die Anforderungen des Multitasking, denen wir außerhalb des Kinos zunehmend ausgesetzt sind, in ästhetisch überzeugender Art und Weise erfahrbar gemacht. Wir können in diesem Kunstwerk eine der zentralen postmodernen Erfahrungen machen: Das gleichzeitig Geschehene lässt sich von der menschlichen Sinneskonstruktion in bildlicher Art und Weise durchaus bewältigen, akustisch jedoch nicht. Mehreren Personen gleichzeitig zuzuhören oder mit ihnen gleichzeitig Verschiedenes zu besprechen, ist bei aller Anstrengung und allen Versuchen, es zu lernen, nur äußerst eingeschränkt möglich. Das Auge verträgt und erträgt eine größere „Zerstreuung" und hat damit erheblich mehr Gleichzeitigkeitspotentiale als das menschliche Gehör.

Darüber hinaus drängt uns Figgis zu einer zweiten zentralen postmodernen Erfahrung: Vier gleichzeitig ablaufende Filme suggerieren zwar einen Zeitgewinn, lösen diese Erwartung jedoch nicht ein. Der Zuschauer benötigt zum Verständnis einer bestimmten Handlung eine technisch nicht beliebig beschleunigbare Zeit. Das Erzählkino muss, will es auch weiterhin etwas erzählen, sowohl die Zeiten der Geschichte als auch die Zeiten der Zuschauer, die diese für das Verständnis der gezeigten Erzählung benötigen, berücksichtigen. Beide brauchen „ihre" Zeit. Nicht immer wurden diese zeitlichen Grenzen bei den Beschleunigungsimperativen des alltäglichen Multitasking zur Genüge berücksichtigt. Wo es jedoch nichts mehr zu erzählen gibt, herrscht nur noch Leere, vor der zu fliehen uns heute immer schwerer fällt, weil so viel gleichzeitig immer schneller passiert.

Wie in Figgis „Time Code", so werden auch in anderen Kunstwerken die Betrachter der Kunst zu Bestandteilen der Kunst. Das wird in einer Episode von Pablo Picasso offensichtlich. Als dieser in seinem Atelier im damals besetzten Paris von einem deutschen Besatzungsoffizier, der sein „Guernica"-Bild betrachtete, gefragt wurde: „Haben Sie das gemacht?“, antwortete er: „Nein, Sie.“

Die Unterschiede von Kunstproduzenten und Kunstrezipienten lösen sich auf. Man ist heute beides gleichzeitig, und gleichzeitig ist es hierdurch möglich, individuelle Zeitfenster zu entwickeln, also Zeitvielfalt zu produzieren und zu nutzen. Kunst ist wichtig und schön, macht aber speziell in der Postmoderne nicht nur für die Künstler sondern auch für die Betrachter viel Arbeit.

Die Ars Electronica, die regelmäßig im österreichischen Linz stattfindet, ist das wohl bekannteste Kunstlabor, das die postmoderne mediale Zeiterfahrung auf ihrer jeweils entwickeltsten künstlerischen Stufe präsentiert. Weitgehend befreit von der Zwangskonstruktion linearer Uhrzeitlogik explodieren derzeit die unterschiedlichen künstlerischen Formen der Auseinandersetzung mit der Zeit und ihrer Vielfalt. Die angestrebte polyrhythmische Verknüpfung verschiedener Zeitmuster lässt völlig neue Zeiterfahrungen zu, die, über die Kunst hinausgehend, Rückwirkungen auf andere Subsysteme unserer Gesellschaft haben. So beispielsweise auf die Wissenschaft, die das lineare Zeitmodell, also die Widerspruchsfreiheit, die Kontinuität, die Rationalität des „Eins-nach-dem-Anderen“ bisher präferiert hat und sich hierdurch einem Vernunftverständnis verschreibt, das aus künstlerischer Sicht nicht immer und überall vernünftig zu nennen wäre. Wir können uns, so der kreative Wissenschaftler Einstein, nicht nur eine Uhr vorstellen, sondern so viele, wie wir nur wollen. Mit dieser Erkenntnis des Relativitätstheoretikers tut sich die Kunst erheblich leichter als die Wissenschaft. Letztlich ist darin ja auch die wichtige Handlungsempfehlung festgehalten, sich der Vielfalt der Zeiten zu vergewissern ohne sogleich zu versuchen, sich dieser zu bemächtigen.

Wenn es darum geht, die Menschen immer wieder mit den Realitäten des Lebens zu konfrontieren und sie darin zu verunsichern, ihre selbst produzierten Wahrheiten für die einzig möglichen und sinnvollen zu halten, hat sich die Kunst gegenüber den Wissenschaften deutliche Erkenntnis- und Erfahrungsvorteile verschafft.

Die Kunst operiert an der Grenze der Lebenswelt. Sie testet sie aus. Sie macht diese erlebbar und erfahrbar, indem sie eingespielte Wahrnehmungsweisen der Zeit konfrontiert, überzeichnet und verändert. Kunst befreit, indem sie die moralischen, die logischen und die sozialen Selbstverständlichkeiten des Zeitlichen, in die die Menschen sich verstrickt haben, lockert und relativiert. Insofern macht Kunst die Lebenswelt utopiefähig und hält die Idee wach, dass das, was ist, nicht alles ist.

Künstler sind die großen, die unverzichtbaren Repräsentanten des Möglichkeitssinnes. „Das Kunstwerk", so Octavio Paz, „lässt uns einen Augenblick lang das Jenseits im Diesseits, das Immer im Jetzt erblicken" (1984, 58). Die Kunst transzendiert die Welt und deren Zeitordnungen. Wir besitzen die Kunst nur deshalb, weil wir sonst die Realität des Zeitlichen und der selbstgeschaffenen Zeitordnungen nicht ertragen könnten.

„Selbstverständlich ist die Kunst ihrem Wesen nach verwerflich! Und überflüssig! Und asozial, subversiv, gefährlich! Und wenn sie das nicht ist, dann ist sie weiter nichts als Falschgeld, leere Hülle, Kartoffelsack ..." (Jean Dubuffet).

Alles Schreiben über Zeit endet im Fragment.
Zur Zeit gibt es nichts Endgültiges, nichts Abgeschlossenes
und nichts Vollständiges.

„Bleiben Sie dran!"

Und jetzt

Bleib sitzen, Leser, auf der Bank und denke,
was ich dir aufgegeben, nochmals durch,
damit du Freude hast, statt müd zu werden.
Ich hab dir vorgelegt, nun stärke dich allein.

(Dante, Göttliche Komodie,
Paradies 10, Vers 22–25)

Zeichnung: Kerstin Müller

Dank

Dieses Buch konnte nur geschrieben werden, weil der Verfasser von vielen lieben Menschen dabei unterstützt wurde, seine Selbständigkeit gegenüber den vielfältigen Alltagszumutungen des Multitasking und der Vergleichzeitigung zumindest phasenweise zu bewahren. Wer all die eingegangenen E-mails liest, wer sich ganz alleine um die vielen Computerabstürze, um die Softwareprobleme und um alle Anrufe kümmern muss und wer bei den Recherchen ohne Unterstützung bleibt, keine Freunde und Freundinnen, Mitarbeiterinnen und Mitarbeiter hat, die mit Hinweisen, Ideen, kritischen Kommentaren sowie intelligenten Fragen und Antworten die Arbeit begleiten, schreibt kein Buch – er hat anderes zu tun.

Was die vorliegende Publikation betrifft, so waren es viele, die mich in unterschiedlichster Art und Weise unterstützten. Die hilfreichsten waren Martin Hartmann, Gunter Kutscha, Fernande Mandl und Julia Neumeister. Sie und andere auch haben es möglich gemacht, dass ich mich beim Schreiben immer wieder an Orte zurückziehen konnte, die abseits von den aufdringlichen Ablenkungen dieser zeitverdichteten Welt liegen. Es gibt sie glücklicherweise noch. Sie werden nicht verraten.

„Das Seltsame an der Beschleunigung ist doch, dass vieles, was wir gestern noch für möglich gehalten haben, heute allgemein üblich geworden ist, dass das, was wir gestern fürchteten – oder ersehnten – gar nichts Besonderes mehr ist: nichts besonders Schreckliches und nichts besonders Schönes. Keine Katastrophe und kein wirklicher Gewinn. Die Apokalypsen und Ideen haben uns einfach nur enttäuscht. Es hat sich einfach nur ereignet, und wir sind, ohne dass wir es gemerkt hätten, mit unserer Welt anders geworden." (Karl Markus Gauss, Von nah, von fern. Ein Jahresbuch)

Literatur

Adam B./Geißler Kh./Held M. (Hg.): Die Nonstop-Gesellschaft und ihr Preis, Stuttgart 1998

Adamowsky N.: Smarte Götter und magische Maschinen. In: Mattern F. (Hg.): Total Vernetzt, Berlin/Heidelberg 2003

Assmann J.: Die Erfindung der Schrift. In: Geißler Kh./Hajak St./May S. (Hg.): Könnte es nicht auch anders sein? Die Erfindung des Selbstverständlichen, Stuttgart 2003

Baader v. F.: Sämtliche Werke, Bd. 6, Leipzig 1854

Baudrillard J.: Die Abschreckung der Zeit. In: Baudrillard J.: Short Cuts, Frankfurt 2003, S. 115–130

Baumann Z.: Postmoderne Ethik, Hamburg 1995

Beck K.: Medien und die soziale Konstruktion von Zeit, Opladen 1994

Becker H.: Fragen zum Problem der Zeit in Erziehung und Bildung. In: Ch. Link (Hg.): Die Erfahrung der Zeit, Stuttgart 1984, S. 172–178

Benjamin W.: Geschichtsphilosophische Thesen. In: Schriften, Bd. 1, Frankfurt 1955

Beyard M. D. u. a.: Developing Urban Entertainment Centers, Washington 1998

Boltanski L./Chiapello E.: Die Rolle der Kritik in der Dynamik des Kapitalismus und der normative Wandel. In: Berliner Journal für Soziologie, Heft 4/2001, S. 459–477.

Borges J. L.: Die Zeit. In: Borges J. L.: Gesammelte Werke, Bd. 5/2, München o. J.

Breuss S.: Häusliche Zeitordnungen. In: Chvojka E. (Hg.): Zeit und Geschichte, München/Wien 2002

Burckhardt M.: Vom Geist der Maschinen, Frankfurt/New York 1999

Burckhardt M.: Metamarphosen von Raum und Zeit, Frankfurt/New York 1994

Büchner G.: Dichtungen und Schriften, Köln 1997

Casati R.: Die Entdeckung des Schattens, Berlin 2001

Castells M.: Der Aufstieg der Netzwerkgesellschaft, Teil 1, Opladen 2001

Cerutti H.: Warum König Hassan nicht nach England ging. In: Neue Züricher Zeitung Nr. 76 vom 1. 4. 2003

Coren St.: Die unausgeschlafene Gesellschaft, Reinbek 1999

Demandt A.: Zeit und Unzeit, Köln u. a. 2002

Deutscher Ausschuss für das Erziehungs- und Bildungswesen (Hg.): Empfehlungen und Gutachten, Folge 7./8. Gutachten über das Berufliche Ausbildungs- und Schulwesen, Stuttgart 1964

Dohrn van Rossum G.: Die Geschichte der Stunde, München 1992

Drascek D.: „In München ist jetzt ziemlich viel los". Brechts Münchener Jahre (1917–24). In: Communications from the International Brecht Society 21 (1992), S. 43–49

Eberling M./Henckel D.: Alles zu jeder Zeit? Die Städte auf dem Weg zur kontinuierlichen Aktivität, Berlin 2002

Elias N.: Über die Zeit, Frankfurt 1984

Elias N.: Über den Prozeß der Zivilisation, Frankfurt 1982

Foucault M.: Überwachen und Strafen, Frankfurt 1976

Garnier Ph.: Die Entdeckung der Unschärfe, München 2002

Gauss, Karl-Markus: Von nah, von fern. Ein Jahresbuch, Wien 2003

Geißler Kh. A.: Vom Tempo der Welt, Freiburg 2004 (Taschenbuchausgabe)

Geißler Kh. A.: Wart mal schnell – Minima Temporalia, Stuttgart 2004, 4. Auflage

Giddens A.: Konsequenzen der Moderne, Frankfurt 1995

Glasersfeld v. E.: In: Braitenberg V./Hosp, J. (Hg.), Die Natur ist unser Modell von ihr. Reinbek 1996, S. 22

Gleber P.: Von der Ortszeit über die Eisenbahnzeit zur Mitteleuropäischen Zeit. In: Alle Zeit der Welt – Von Uhren und anderen Zeitzeugen. Katalog zur Ausstellung des Landesmuseums für Technik und Arbeit in Mannheim, Mannheim 2002, S. 32–38

Goethe W.: Werke – Hamburger Ausgabe Bd. 1, (16. Ausgabe), München 1996

Gramsci A.: Gefängnishefte, Hamburg 1967

Grünewald U./Moraal D.: Weiterbildung in deutschen Unternehmen. Hg. vom Bundesinstitut für Berufsbildung, Bonn 2001

Handy Ch.: Eine neue Arbeitswelt. In: Lochmeyer/Louis (Hg.): Work Culture. Inszenierung von Arbeit. Ausstellungskatalog des oberösterreichischen Landesmuseums Linz, 1998

Hausmann J. u. a.: Qualifizierung der Zukunft. In: Haarbeck S. (Hg.): Deutschland 2010 – Szenarien der Arbeitswelt von morgen. Köln 2000

Hebbel F.: Tagebücher, hg. v. Felix Bamberg, Bd. 2, Berlin 1887

Heidegger M.: Der Begriff der Zeit, Tübingen 1989

Heine H.: Zur Geschichte der Religion und Philosophie in Deutschland. In: K. Briegleb (Hg.): H. Heine, Sämtliche Schriften, Bd. 5, Frankfurt 1981

Held M./Geißler Kh. (Hg.): Ökologie der Zeit. Stuttgart 2000, 2. Auflage

Herles W.: Surfen; In: Schächter M. (Hg.): Was kommt – was geht – was bleibt? Freiburg 2001

Houellebecq M.: Elementarteilchen, München 2001

Humboldt, v. W.: Werke in fünf Bänden, Band 1, Darmstadt 1960

Kafka F.: Briefe 1902–1924, hrsg. von M. Brod, Frankfurt/M. 1975

Kahlert H.: Als die Uhren zu den Menschen kamen. In: Beiträge zur Volkskunde in Baden-Württemberg, Bd. 5, Stuttgart 1993

Kant I.: Kritik der reinen Vernunft (1781), 1979

Keupp H. u. a.: Identitätskonstruktionen. Das Patchwork der Identität in der Spätmoderne, Reinbek 2002, 2. Auflage

Levine R.: Eine Landkarte der Zeit. München 1998

Locke J.: Versuch über den menschlichen Verstand. Philosophie von Platon bis Nietzsche. Digitale Bibliothek, Bd. 2, hg. von F.-P. Hansen, Berlin 1998

Luhmann N.: Soziologische Aufklärung, Bd. 5, Opladen 1990

Lyotard J. F.: Das Inhumane, Wien 2001

Lyotard J. F.: Das postmoderne Wissen, Wien 1986

Marinetti L.T.: Das Futuristische Manifest. In: Apollonio U.: Der Futurismus – Manifeste und Dokumente einer künstlerischen Revolution 1909–1918, Köln 1972, S. 32–35

Marx K.: Aus den Deutsch-Französischen Jahrbüchern (1843/44). In: Marx K.: Die Frühschriften, Stuttgart 1953

Marx K.: Das Kapital. Kritik der politischen Ökonomie (1867), MEW, Bd. 23, Berlin 1972

Marx K.: Das Elend der Philosophie (1847), MEW Bd. 4, Berlin 1972

Maurice K./Mayr O. (Hg.): Die Welt als Uhr – Ausstellungskatalog. Bayerisches Nationalmuseum, München/Berlin 1980

Mayr O.: Die Uhr als Symbol für Ordnung, Autorität und Determinismus. In: Maurice K./Mayr O. (Hg.): Die Welt als Uhr, München/Berlin 1980

McLuhan M.: Understanding Media, New York 1964

Metzger H.-K.: „Anarchie durch Negation der Zeit oder Probe einer Lektion wider die Moral. Hebel – Adorno – Cage (Variations I)". In: Musik-Konzepte, Sonderband John Cage, München 1978

Montaigne M. de: Essays. Übersetzt von H. Stillet, Frankfurt 1998

Moore-Ede M.: Die Nonstop-Gesellschaft, München 1993

Musil R.: Der Mann ohne Eigenschaften, Reinbek 1978

Nietzsche F.: Werke in drei Bänden, hrsg. von K. Schlechta, München 1990

Nietzsche F.: Menschliches, Allzumenschliches, Bd. 2, 2/695

Organisationsentwicklung Heft 1/2003

Ortega y Gasset J.: Aufstand der Massen, Reinbek 1983

Orthey F. M.: Zeit der Modernisierung, Stuttgart 1999

Paz O.: Zwiesprache. Essays zu Kunst und Literatur, Frankfurt 1984

Pöppel E.: Multitasking schadet unserer Intelligenz; In: Psychologie heute, Heft 6/2000

Reich R. B.: The Future of Success, München 2000

Reik Th.: Listening with the third ear, New York 1948

Richter D.: Schlaraffenland, Frankfurt 1989

Rötzer F.: Mythos Multitasking? In: Telepolis v. 28. 7. 2001

Safranski R.: Wieviel Globalisierung verträgt der Mensch? München 2003

Sandgruber R.: Zeit der Mahlzeit. In: Bringens, N. A. u. a. (Hg.): Wandel der Volkskultur in Europa, Münster 1988

Schnabel U.: Zeit ist Geld, Zürich 1998

Serres M.: Vorwort, Thesaurus der exakten Wissenschaften, Frankfurt 2001, in: Serres, M./Farouki N.

Serres, M./Farouki N.: Thesaurus der exakten Wissenschaften, Frankfurt 2001

Silesius A.: Cherubinischer Wandersmann, Bremen o. J.

Sollers Ph.: Der gewöhnliche Nihilismus; In: Süddeutsche Zeitung vom 17./18. 5. 2003, S. 13

Strauß B.: Das Partikular, München 2000

Valéry P.: Triumphzug Manets. In: Ders., Zur Ästhetik und Philosophie der Künste. Werke. Frankfurter Ausgabe, Bd. 6, übersetzt von Carlo Schmid, Frankfurt/M. 1995, S. 379–388

Wolff Chr.: Vernünfftige Gedancken von Gott, der Welt und der Seele des Menschen, Halle 1719

Zulley J./Knab B.: Unsere innere Uhr, Freiburg 2000

Anmerkung des Verlages:

Wir danken den Rechteinhabern für die Erteilung der Abdruckgenehmigungen. Bei einigen Texten war es trotz gründlicher Recherchen nicht möglich, die Inhaber der Rechte ausfindig zu machen. Honoraransprüche bleiben bestehen.

Bildnachweis

Seite 13: © Jonas Geißler

Seite 28: © Steven Marcus

Seite 50: Cildo Meireles: Fontes, Detail 1992. Documenta 9/IV

Seite 67: © M. Hartmann

Seite 85: © Dorothea Hürlimann

Seite 91: © Nokia 1999

Seite 126: © M. Hartmann

Seite 139: © Geißler/Oberhuemer

Seite 147: Eddy workstation prototype, 1997. Designer: Haworth, Ideation Team. Aus: Lochmeyer/Louis (Hg.), Work Culture. Inszenierung von Arbeit. Oberösterreichisches Landesmuseum Linz (Ausstellungskatalog 1998)

Seite 149: CubicEye-Browser: Mike Rosen

Seite 165: © Judith Samen

Seite 192: © M. Hartmann

Seite 210: © Kerstin Müller

Zeit zum Leben

Karlheinz A. Geißler

Zeit – verweile doch …

Lebensformen gegen die Hast

Band 4875

„Das Buch für ein menschlicheres Zeitverständnis“ (SZ).

Karlheinz A. Geißler

Es muss in diesem Leben mehr als Eile geben

Band 5045

Ein spannendes Buch vom Hasten und Rasten. Das Fazit von „Europas bekanntestem Zeitforscher“ (PM).

Karlheinz A. Geißler

Vom Tempo der Welt

– und wie man es überlebt

Band 5407

Im Zeitalter des Internet hat die Uhrzeit ihre Monopolstellung als Zeitmaß verloren. Europas bekanntester Zeitforscher fragt: Wie können wir ein menschliches Zeitmaß bewahren oder neu entwickeln?

Karlheinz A. Geißler

Wart' mal schnell

Wie wir der Zeit ein Schnippchen schlagen

Band 5696

Wer hat schon Zeit in unserer Zeit? Geißlers Rat: Vergessen Sie doch einfach eine Weile die Zeit – indem Sie sich mit ihr beschäftigen. Ironisch, amüsant und tiefsinnig. So viel Zeit muss sein.

Thomas H. Eriksen

Immer schneller – immer mehr?

Balance finden zwischen Beschleunigung und Ruhe

Band 5627

Wir brauchen dringend Langsamkeit: für erfüllende Beziehungen, Kreativität und Selbstbestimmung. „Ein Appell zum souveränen Umgang mit der Zeit – und eine brillant polemische Kulturanalyse“ (Deutsche Welle).